Expressionismus 01/2015

Künstlerkreise

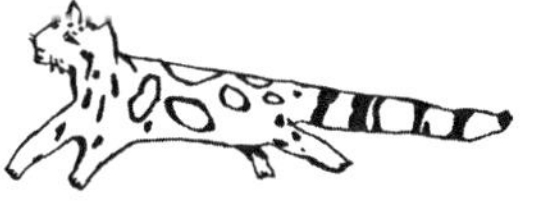

Expressionismus

01/2015

Künstlerkreise

Herausgegeben von
Kristin Eichhorn
Johannes S. Lorenzen

Neofelis Verlag

Expressionismus
01/2015: Künstlerkreise
Hrsg. v. Kristin Eichhorn / Johannes S. Lorenzen

Bibliografische Information der Deutschen Nationalbibliothek
Die Deutsche Nationalbibliothek verzeichnet diese Publikation in der Deutschen Nationalbibliografie; detaillierte bibliografische Daten sind im Internet über http://dnb.d-nb.de abrufbar.

Umschlaggestaltung: Marija Skara
Druck: PRESSEL Digitaler Produktionsdruck, Remshalden
Gedruckt auf FSC-zertifiziertem Papier.
ISSN: 2363-5592
ISBN (Print): 978-3-943414-69-1
ISBN (PDF): 978-3-943414-92-9

Erscheinungsweise: zweimal jährlich
Jahresabonnement 24 €, Einzelheft 14 €
Erhältlich in Ihrer Buchhandlung oder direkt beim Neofelis Verlag unter: vertrieb@neofelis-verlag.de

Ein Abonnement verlängert sich automatisch um ein Jahr, wenn die Kündigung nicht mindestens drei Monate vor Ende des Kalenderjahrs erfolgt ist.

Inhalt

Künstlerkreise im Bereich der Bildenden Kunst

Editorial

Der Expressionismus gilt als eine der einflussreichsten Kunstrichtungen des 20. Jahrhunderts, die – zumindest, was die Bildende Kunst betrifft – inzwischen eindeutig zum Mainstream geworden ist. Immerhin werden ihm wieder neue Ausstellungen gewidmet, die somit ein größeres Publikum erreichen.[1] Auch als Forschungsgegenstand hat sich der Expressionismus nunmehr in den unterschiedlichen Disziplinen etabliert. Schon in den 1920er und 1930er Jahren ist eine wissenschaftliche Beschäftigung mit der Strömung nachweisbar, wobei es in erster Linie um die epochale Einordnung des Expressionismus geht.[2] Nach dem Zweiten Weltkrieg dominieren bis in die 1960er Jahre hinein bekanntlich existentialistische und sozialkritische Studien, während sich die jüngere Forschung eher den stilistischen, motivischen und ästhetischen Fragen zuwendet.[3] Die Kanonisierung des Expressionismus in der Literaturwissenschaft geht nicht zuletzt zurück auf die umfangreiche Studie von Silvio Vietta und Hans-Georg Kemper zurück, die eine komplexe Übersicht und Verzahnung von literarischer Thematik und philosophischen Denkfiguren sowie den damit verbundenen ideengeschichtlichen Voraussetzungen für expressionistische Literatur versucht.[4]

Sind auf diese Weise eine Reihe neuer Erkenntnisse zum Phänomen des Expressionismus gewonnen worden, fehlt doch bis heute ein Forum, das die unterschiedlichen Ansätze der verschiedenen wissenschaftlichen Disziplinen zusammenträgt und somit nicht nur eine gegenseitige Befruchtung der Forschung ermöglicht, sondern sie auch einer breiteren Öffentlichkeit zugänglich macht. Ein solches Forum zu schaffen und die Diskussion durch neue Impulse zu bereichern, ist das Ziel der vorliegenden Zeitschrift. Schließlich gehören

1 Vgl. nur als jüngstes Beispiel Gertrude Cepl-Kaufmann / Klara Drenker-Nagels: *Das (verlorene) Paradies. Expressionistische Visionen zwischen Tradition und Moderne.* Austellungskatalog August-Macke-Haus / Kunsthaus Stade. Bonn: August-Macke-Haus 2014.

2 Vgl. z. B. Gertrud Harms: *Ein Beitrag zur Begriffsbestimmung des Expressionismus.* Bonn: Studentenwohl 1931.

3 Maßgeblich genannt werden kann für diesen Umschwung Gunter Martens: *Vitalismus und Expressionismus. Ein Beitrag zur Genese und Deutung expressionistischer Stilstrukturen und Motive.* Stuttgart: Kohlhammer 1971.

4 Vgl. Silvio Vietta / Hans-Georg Kemper: *Expressionismus.* München: Fink 1975.

zur expressionistischen Kunst so unterschiedliche Gebiete wie Malerei, Bildhauerei, Literatur, Film, aber auch Architektur und performative Ansätze.

Aus diesem Grund ist die Zeitschrift bewusst interdisziplinär angelegt und versucht, den Blickwinkel über den deutschsprachigen Raum hinaus auch auf die Entwicklung im europäischen wie außereuropäischen Ausland zu legen. Um gezielt Forschungsanregungen geben zu können, erscheint *Expressionismus* zweimal jährlich in Form von Themenheften, die dazu anregen sollen, für den Expressionismus und sein Verständnis zentrale, aber noch zu wenig beleuchtete Aspekte in den Blick zu nehmen. In diesem Sinne folgen dem ersten Heft 01/2015 eine Ausgabe zur performativen Seite der Strömung (02/2015) und ein Heft zum Thema Religion und Expressionismus (03/2016), dessen Call for Papers im Anhang dieser Nummer zu finden ist.

Um den wissenschaftlichen Austausch zu fördern, bespricht die Zeitschrift regelmäßig neben ihren thematischen Beiträgen neuere Publikationen zum Expressionismus bzw. aktuelle Ausstellungen. Darüber hinaus soll immer wieder ein Fokus auf der Rezeption des Expressionismus in der Gegenwart liegen, um die Nachwirkungen dieser eigentlich historischen Bewegung nachzuvollziehen.

Das erste Heft widmet sich programmatisch zunächst den unterschiedlichen Künstlerkreisen, in denen die expressionistische Arbeit stattgefunden hat. Expressionismus als neue Strömung in Kunst, Literatur und auch Architektur um 1900 ist als ein Gemeinschaftsprojekt anzusehen und wird von einer Vielzahl von Gruppen getragen, von denen nur noch wenige im allgemeinen Gedächtnis sind. Das vorliegende Heft möchte den Blick auf diesen grundlegenden Aspekt des Expressionismus erweitern und widmet sich einigen aus heutiger Perspektive eher unbekannteren Gruppierungen, die die Autorinnen und Autoren entsprechend kompetent unter Rückgriff auf Archivmaterial vorstellen. Dabei finden sowohl Literatenkreise und ihre Zeitschriften Niederschlag (*Die schöne Rarität*, *Der Brenner*, *Die Lebenden*) als auch bildende Künstler (Rheinischer Expressionismus, Sema) und Architekten (Gläserne Kette, Novecento). Eine Ausnahme bildet der bekannte *Sturm*-Kreis, dessen Rezeptionsgeschichte Hubert van den Berg eingangs aufarbeitet und dabei zu einer neuen Perspektive auf diese Gruppe aufruft.

Deutlich wird dabei u. a., wie unklar die Ziehung von Trennlinien zwischen den einzelnen Künstlerkreisen ist – nicht nur, weil sich ihre Profile z. T. ähneln, sondern auch, weil einige Künstler an mehreren Gruppen beteiligt waren (vgl. insbesondere den Beitrag von Susanne M. I. Kaufmann). Außerdem bestehen viele der Zusammenschlüsse nur über einen sehr kurzen Zeitraum hinweg und sind durch die unterschiedlichen Stile ihrer Mitglieder nur bedingt als homogen zu bezeichnen. Der Beitrag von Hans Peter Buohler bringt diese Schwierigkeiten auf den Punkt, indem er sich mit dem Sonett einer literarischen Gattung widmet, die in allen expressionistischen Dichterkreisen – so verschieden sie sonst sein mögen – beliebt ist.
Mit diesem ersten Überblick hoffen die Herausgeber, den alten Aufruf zu einer systematischen Erforschung des Expressionismus endlich näher kommen zu können. Wie lohnenswert und vielseitig das Phänomen ist, wird nirgendwo deutlicher als im vorliegenden Heft.

Kristin Eichhorn / Johannes S. Lorenzen

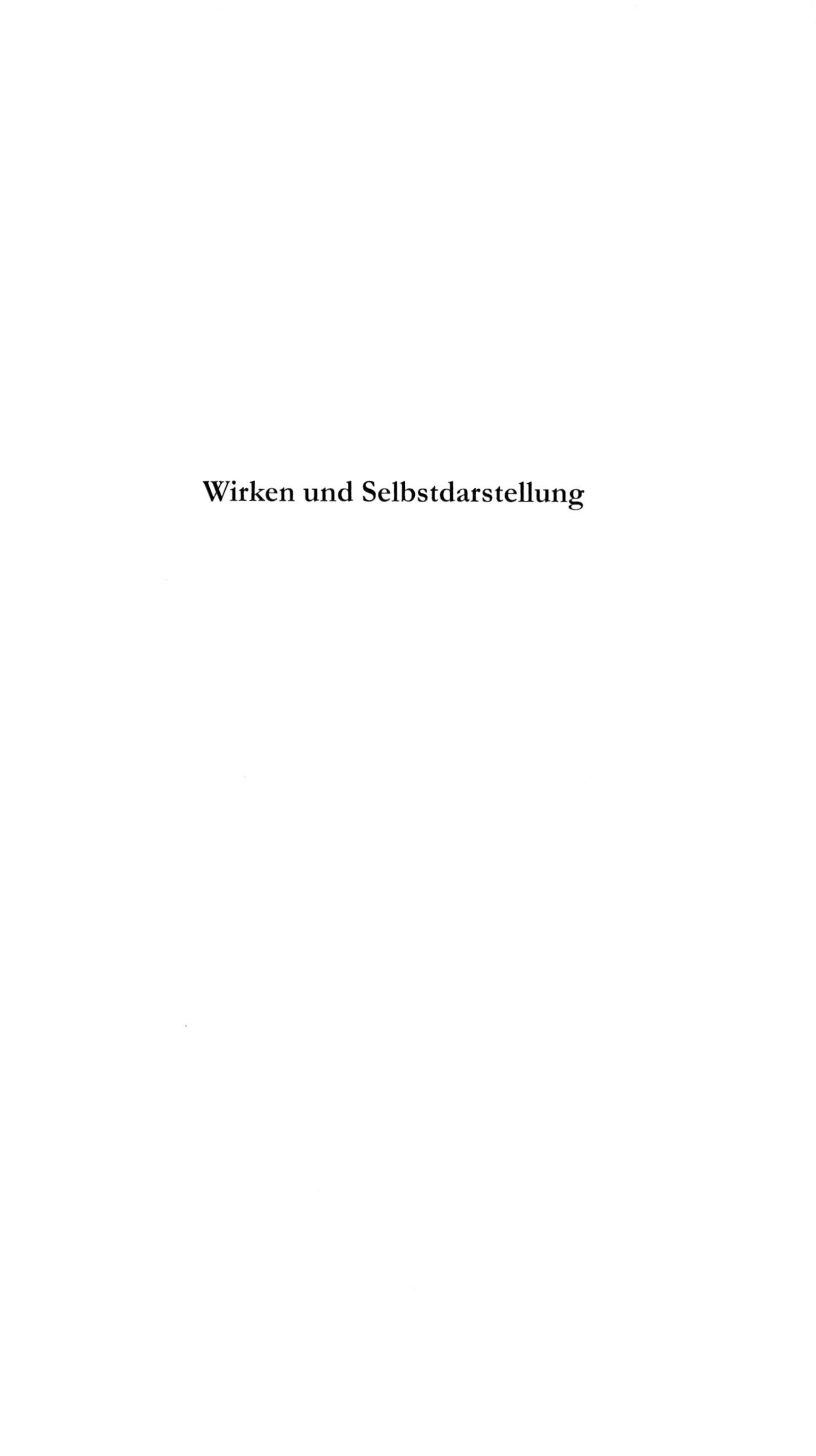

Wirken und Selbstdarstellung

„Drehpunkt der europäischen Kunstwende"?

Zur internationalistischen Selbststilisierung des *Sturm*-Kreises in den Erinnerungen Nell Waldens und Lothar Schreyers in den 1950er Jahren

Hubert van den Berg

1.

In *Die Welt von Gestern* beschreibt Stefan Zweig, wie sich in der Zeit vor dem Ersten Weltkrieg[1] ein neues Europa abzeichnete, das dann 1914 in die Brüche ging:

> Denn ein anderer Rhythmus war in der Welt. […] zum ersten Mal fühlten die Nationen gemeinsamer, wenn es das Gemeinsame galt. […] [Es gab] ein europäisches Gemeinschaftsgefühl, ein europäisches Nationalbewußtsein im Werden. Wie sinnlos, sagten wir uns, diese Grenzen, wenn sie jedes Flugzeug spielhaft leicht überschwingt, wie provinziell, wie künstlich diese Zollschranken und Grenzwächter, wie widersprechend dem Sinn unserer Zeit, der sichtlich Bindung und Weltbrüderschaft begehrt![2]

Es folgten „Rückfall und Verdüsterung",[3] als im Juli/August 1914 der Krieg ausbrach. „Nacht über Europa", wie Ernst Piper es in seiner Kulturgeschichte des Ersten Weltkriegs beschreibt, wobei „die engmaschigen kulturellen Netzwerke der europäischen Eliten mit Kriegsausbruch schlagartig zerrissen, […] aus eben noch befreundeten Literaten Kriegspropagandisten wurden, […] das Kriegsgeschehen vielfältig verklärt und überhöht wurde" und „Verheerungen […] in den Köpfen der Europäer anrichtete".[4]

1 Dieser Beitrag basiert auf Forschung, die aus Stipendien des Deutschen Literaturarchivs (Marbach am Neckar) und des polnischen Ministerstwo Nauki i Szkolnictwa Wyższego und Humanities in the European Research Area (HERA) im Rahmen des FP7-Rahmenprogramms der EU finanziert wurde. Er schließt an frühere Veröffentlichungen an; insofern er davon abweicht, entspricht dieser Beitrag neu gewonnenen Erkenntnissen.

2 Stefan Zweig: *Die Welt von Gestern. Erinnerungen eines Europäers.* Stockholm: Bermann-Fischer 1944, S. 229.

3 Ebd.

4 Ernst Piper: *Nacht über Europa. Kulturgeschichte des Ersten Weltkriegs.* Berlin: Propyläen 2013, Klappentext.

Wenige Ausnahmen gab es, die sich von den Wellen des Hurrapatriotismus und chauvinistischen Hassausbrüchen nicht mitreißen ließen. Zu diesen Ausnahmen zählte – so Piper – Herwarth Walden, der Herausgeber der Zeitschrift *Der Sturm* und Leiter der gleichnamigen Galerie, der vor dem Weltkrieg – so Franz Marc – „in stürmischem Expreßtempo durch Europa“[5] fuhr und in seiner Zeitschrift und Galerie der internationalen Avantgarde Platz bot und es im Krieg weiter tat. Walden habe sich „konsequent allen chauvinistischen Tendenzen“[6] verweigert und *Der Sturm* zähle somit zu den „wichtigsten Orte[n] einer literarischen Kriegsgegnerschaft“.[7] Dies ist eine noch immer gängige Darstellung, die man in vielen Fassungen finden kann. So sieht auch Hansgeorg Schmidt-Bergmann in einem Feuilletonbeitrag in der Tageszeitung *Die Welt* zum hundertsten Jahrestag der Ersterscheinung der Zeitschrift *Der Sturm* Walden „unmissverständlich in d[er] Reihe der Kriegsgegner“.[8] Schmidt-Bergmann gründet seinen Beitrag weitgehend auf die Darstellungen von Waldens zweiter Ehefrau Nell und des langjährigen *Sturm*-Mitarbeiters Lothar Schreyer, die sie 1954 im gemeinsam herausgegebenen Band *DER STURM. Ein Erinnerungsbuch an Herwarth Walden und die Künstler aus dem Sturmkreis* und Schreyer dann anschließend zwei Jahre später in seinen *Erinnerungen aus Sturm und Bauhaus* vorlegten. Ihr Bild von „Walden und seiner STURM-Bewegung“[9] hat in den folgenden Jahren maßgeblich die Historiographie des *Sturms* geprägt und prägt sie noch bis auf den heutigen Tag, nicht zuletzt in der Vorstellung einer grundsätzlichen Internationalität, die Chauvinismus ausschließt und mit einer radikal autonomistischen Kunstauffassung im *Sturm* verbunden war, die mit politischer Abstinenz einherging. So skizzierte zumindest Nell Walden in ihren „Erinnerungen an Herwarth Walden und die ‚Sturmzeit‘“ die Aufstellung Herwarth Waldens und des *Sturms* im Sommer 1914 wie auch in der folgenden Kriegszeit:

5 Zit. in Nell Walden / Lothar Schreyer (Hrsg.): *Der Sturm. Ein Erinnerungsbuch an Herwarth Walden und die Künstler aus dem Sturmkreis.* Baden-Baden: Klein 1954, S. 13.

6 Piper: *Nacht*, S. 140.

7 Ebd., S. 142.

8 Hans-Georg Schmidt-Bergmann: „Uns ist nicht das Leben die Kunst. Aber die Kunst ist das Leben.“ In: *Die Welt*, 06.03.2010.

9 Walden / Schreyer: *Der Sturm*, S. 5.

> Der kommende Krieg zeichnete sich vielleicht schon ab, für Leute, die politisch interessiert waren. Da wir im STURM aber an der Politik absolut uninteressiert waren – für uns gab es ja nur eines: Den Kampf um die Durchsetzung der neuen Kunstrichtung –, sahen wir die drohenden Wolken nicht. Kunst und Politik haben nichts gemeinsam, so dekretierte Herwarth Walden; und nach diesem sicherlich vollkommen richtigen Prinzip lebten und arbeiteten wir alle. Das um so mehr, als der STURM ganz international eingestellt war, und die neue Kunstgestaltung fast gleichzeitig […] überall in der Welt die gleiche Tendenz zeigte. Der STURM war Sammelpunkt für eine Kunstrichtung, die ihrer Breite nach wohl einzig dastand, umfaßte sie doch fast alle Nationen.[10]

Schreyer geht in seiner folgenden Darstellung von „Herwarth Waldens Werk" im *Erinnerungsbuch* noch einige Schritte weiter. Bei ihm nimmt die Internationalität planetarische, sogar kosmische Ausmaße an. Die „Kunstwende", der sich *Der Sturm* in den Jahren 1912–22 nicht nur gewidmet, sondern die er bewirkt, in Bewegung gesetzt und angeführt habe, führte, so Schreyer, zu „einer planetaren Kunst, in der die Völker der Erde ihrer Gemeinsamkeit eine gemeinsame […] Gestalt geben":

> Die Herrschaft des Abendlandes versinkt in der überragenden Herrschaft des Planeten Erde. In der Einheit solchen Stils kündet sich die künftige, wenn auch noch ferne Gemeinschaft der Völker an. Die Grenzen der Völker öffnen sich zu einem planetaren Zueinander.[11]

Das war vielleicht etwas übertrieben und in seinen *Erinnerungen an Sturm und Bauhaus* nimmt sich Schreyer etwas zurück, indem er den *Sturm* als „Drehpunkt der europäischen Kunstwende" bezeichnet.[12]

Das Bild, das Schreyer und Nell Walden präsentierten, passte in vorzüglichster Weise zu einer Vorstellung der historischen Avantgarde, die nun gerade als „Avantgarde" kanonisiert wurde[13] und nicht mehr als „neue Kunst" oder „Kunstismen",[14] wie es in den 1920ern oft hieß, oder im *Sturm*-Jargon als „Kunstwende".[15] Es war, so könnte

10 Ebd., S. 35–36.

11 Ebd., S. 113–114.

12 Lothar Schreyer: *Erinnerungen an Sturm und Bauhaus. Was ist des Menschen Bild?* München: Langen-Müller 1956, S. 7.

13 Paul Wood (Hrsg.): *The Challenge of the Avant-garde.* New Haven: Yale UP 1999, S. 10–11.

14 Vgl. Hans Arp / El Lissitzky (Hrsg.): *Die Kunstismen.* Zürich-Erlenbach: Rentsch 1925.

15 Der Begriff taucht 1919 im *Sturm*-Kontext auf als Titel eines Sammelbandes: Herwarth Walden (Hrsg.): *Expressionismus. Die Kunstwende.* Berlin: Der Sturm 1919. In der Folgezeit wird „Kunstwende" vor allem von Schreyer verwendet.

man sagen, wie geschaffen für diese Vorstellung von Avantgarde, die in den 1950ern und 1960ern in der westlichen Hemisphäre zum hegemonialen Traditionszusammenhang und essentiellen Passage der modernen Kunstgeschichte im frühen 20. Jahrhundert erklärt wird. Tatsächlich aber passte das Bild nicht nur wie geschaffen, sondern das Bild wurde so geschaffen, dass es passte.

2.

Nicht zufällig war der Titel des ersten deutschsprachigen Buches, das Avantgarde als „Avantgarde" benennt, der Katalog einer Ausstellung, in welcher *Der Sturm* im Mittelpunkt stand und als Aufhänger diente: *Der Sturm. Herwarth Walden und die europäische Avantgarde 1910–1932.*[16] Diese Ausstellung öffnete im September 1961 in der Orangerie des Schlosses Charlottenburg, veranstaltet von der West-Berliner Nationalgalerie. Schreyer und Nell Walden wurden vom Direktor der Nationalgalerie und Kurator der Ausstellung Leopold Reidemeister als Berater hinzugezogen. Die Ausstellung, die zwei Monate nach Mauerbau in der Frontstadt West-Berlin begann, war nicht nur Zeichen der Anerkennung und Kanonisierung der Avantgarde, die es zwar historisch gegeben hatte, die aber bislang – zumindest in Deutschland – kaum als „Avantgarde" benannt wurde. Die Ausstellung war selbstverständlich in ihrer positiven Bewertung der Avantgarde das Gegenteil zur Verfemung als „entartete Kunst" im „Dritten Reich", wobei Künstler, die im *Sturm* vertreten waren, zu den wichtigsten Zielscheiben der nationalsozialistischen „Säuberung des Kunsttempels" zählten.[17] Sie hatten ihren letzten gemeinsamen Auftritt im Haus der Deutschen Kunst 1937 in München gehabt, als sie dort von den Nazis als „entartete Künstler" angeprangert wurden.[18] Nun wurde die „europäische Avantgarde" von der Nationalgalerie als Gegentradition gewürdigt, die in der Bundesrepublik und West-Berlin, im Westen allgemein zumindest in den Museen

16 Leopold Reidemeister (Hrsg.): *Der Sturm. Herwarth Walden und die europäische Avantgarde 1910–1932*. Berlin: Nationalgalerie 1961.

17 Wolfgang Willrich: *Säuberung des deutschen Kunsttempels – Eine kunstpolitische Kampfschrift zur Gesundung deutscher Kunst im Geiste nordischer Art*. München: Lehmann 1937, S. 167.

18 Peter-Klaus Schuster (Hrsg.): *Nationalsozialismus und ‚Entartete Kunst'. Die ‚Kunststadt' München 1937*. München: Prestel 1987.

als eigentliche Tradition der Moderne im frühen 20. Jahrhundert zu gelten begann.
Die Ausstellung zeugte auch von einer neuen oder wiederkehrenden Vorstellung „europäischen Gemeinschaftssinns". Sie war aber ebenfalls eindeutig ein Signal in östliche Richtung, wo die Avantgarde zunächst in der Sowjetunion in den 1930ern als „Formalismus" im sozialistischen Kunsttempel in Ungnade gefallen war und avantgardistische Künstler auch verfemt und verfolgt worden waren, um dann im erweiterten Sowjetimperium hinter dem „Eisernen Vorhang" noch immer als Fauxpas zu gelten. Dass Walden sich in den 1920ern dem Kommunismus zugewandt hatte und 1932 in die Sowjetunion gegangen war, sprach zwar nicht für ihn. Er war jedoch – so viel war damals klar – 1941 in Moskau verhaftet worden und in den Gulag verschwunden.[19] Sein Schicksal war noch unbekannt; das machte ihn zum Opfer des Stalinismus.
Der Avantgardebegriff, der der Ausstellung zugrunde lag und praktisch die Konzeption der „historischen Avantgarde" war, so wie sie damals salon-, museums- und kanonfähig wurde, schloss bei einer Vorstellung von Avantgarde an, wie sie Clement Greenberg 1939 in einem Aufsatz in der amerikanischen Zeitschrift *Partisan Review* – praktisch im Anschluss an die Verurteilung der Avantgarde als „Formalismus" in den späten 1930ern in der Sowjetunion[20] – als Gegenposition formuliert hatte, zugleich aber auch explizit in Kontrast zu faschistischen Kunstpräferenzen im „Dritten Reich". Die Avantgarde ist nach Greenberg „the only living culture we now have", insbesondere weil sie sich demonstrativ unpolitisch zeige und der „reinen Kunst" widme:

> Picasso, Braque, Mondrian, Miró, Kandinsky, Brancusi, even Klee, Matisse and Cézanne, derive their chief inspiration from the medium they work in. The excitement of their art seems to lie most of all in its pure preoccupation with

19 Schreyer: *Erinnerungen*, S. 17.

20 Alfred Durus (= Alfréd Kemény): Abstrakt, abstrakter, am abstraktesten. In: *Das Wort* 3,6 (1938), S. 71–83, auch in: Hans-Jürgen Schmitt (Hrsg.): *Die Expressionismusdebatte. Materialien zu einer marxistischen Realismuskonzeption.* Frankfurt am Main: Suhrkamp 1973, S. 142–156. Zwar bezieht sich Greenberg nicht direkt auf diesen Beitrag Kemény, sein Aufsatz im *Partisan Review* schließt aber unmittelbar an der Polemik gegen den Formalismus an, der auch in der Expressionismusdebatte mitschwingt.

> the invention and arrangement of spaces, surfaces, shapes, colors, etc., to the exclusion of whatever is not necessarily implicated in these factors.[21]

Die „reine Kunst“ der Avantgarde war – so Greenberg – in der Regel (aber nicht per se) abstrakt und selbstreferentiell und so genau das Gegenteil des „Kitsches“, der bei ihm Inbegriff der Kunst des Sozialistischen Realismus wie auch des Nationalsozialismus war, die quasi-realistische Bilder mit verklärend-unwirklichen politischen Botschaften in bildlicher Form brachte.

Diese Vorstellung von Avantgarde, die sich Ende der 1930er in den Vereinigten Staaten im Umkreis des MoMA wie auch in den Schriften des Kunstkritikers Greenberg herausbildet, der als Programmatiker des amerikanischen *abstract expressionism* hervortritt, setzte sich in den 1950ern und 1960ern in der westlichen Hemisphäre als neuer hegemonialer Traditionszusammenhang und essentielle Passage der modernen Kunst im frühen 20. Jahrhundert durch. Man findet sie aber bereits bei den ersten Ausstellungen und Veranstaltungen, die sofort nach Kriegsende in Deutschland „befreite Kunst“ zeigten, wie z. B. bei einer Veranstaltungsreihe in Celle, wo Adolf Grimme, der letzte SPD-Kultusminister Preußens vor der NS-Diktatur, der im britischen Sektor zur Gestaltung der neuen Kulturpolitik herangezogen war, „befreite Kunst“ in der neuen Nachkriegsordnung als autonome Kunst definierte, die nicht Instrument der Politik sein sollte.[22] Letzteres betraf 1946 wohl in erster Linie NS-Kunst und NS-Dichtung. „Befreite Kunst“ war dagegen nicht zuletzt avantgardistische Kunst, wobei – wie Grimme vermerkt – „Kunst als bloße Abschrift der Natur [...] niemals große Kunst“ sei: „Naturalismus, wie ihn die Nazizeit poussierte, ist darum die Kunstform, die dem Menschen im eigentlichen Sinne nichts zu künden hat.“[23] Avantgardistische „Werke befreiter Kunst dagegen beweisen, daß auch die Zeit, die nun

21 Clement Greenberg: Avantgarde and Kitsch. In: *Partisan Review* 6,5 (1939), S. 34–49, hier S. 37.

22 Vgl. Adolf Grimme: Ansprache zur Eröffnung der Kunstwoche und der Ausstellung „Befreite Kunst“ im Celler Schloß am 3. März 1946. In: Friedrich Rasche (Hrsg.): *Befreite Kunst. Reden und Vorträge der Celler Kunstwoche.* Hannover: Sponholtz 1946, S. 5–13.

23 Ebd., S. 11.

vergangen ist, sich nicht […] im schalen Naturalismus der Nazizeit erschöpft hat“.[24]

Auch im russischen Sektor gab es zunächst ähnliche Ausstellungen und Veranstaltungen, die ebenfalls die Avantgarde zeigten, die aus ihrem Versteck zurückkehrte, bald aber der stalinistischen Kulturpolitik wieder weichen musste: „Wahrheitsgetreue Darstellung des Volkslebens und des Aufbaus eines neuen Deutschland in Anlehnung an den großen realistischen Traditionen der deutschen Kunst, Kampf gegen Kosmopolitismus und Formalismus jeder Art“,[25] galt schon bald als neue Richtlinie, welcher sich die Kunst in der SBZ und DDR zu fügen hatte. Die Ausstellung in der Nationalgalerie war hier ein eindeutiges Zeichen gegen diese Kulturpolitik, welche die Avantgarde zu unterdrücken suchte.

3.

„Die große Kunstwende vor und während des ersten Weltkrieges wurde weitgehend von Herwarth Walden und seiner STURM-Bewegung getragen. Diese Tatsache ist von vielen vergessen worden“, heißt es in Nell Waldens Vorwort zum *Erinnerungsbuch*.[26] *Der Sturm* kam nicht vor im berühmten Stammbaum, der von Alfred H. Barr Jr. zur epochalen MoMA-Ausstellung *Cubism and Abstract Art* im Jahre 1936 erstellt wurde. Der Stammbaum des MoMa-Direktors Barr hat maßgeblich die Historiographie und Kanonisierung der Avantgarde geprägt, in welcher Barr zunächst in Amerika, in der Zeit des Kalten Kriegs auch in West-Europa eine wichtige Stimme im Konzil der amerikanischen auswärtigen Kulturpolitik war, als es darum ging der Avantgarde als Kunst des „freien Westens“ ikonischen Status zu verleihen.[27] Falls sie Barrs Stammbaum kannten, war Nell Walden und Lothar Schreyer sicherlich ein Dorn im Auge, dass *Der Sturm* darin fehlte. Jedenfalls war es ihr Anliegen, in ihren Memoiren die

24 Ebd.

25 Jürgen Kuczynski / Wolfgang Steinitz (Hrsg.): *Deutschland. Grosse Sowjet-Enyklopädie. Länder der Erde*, Bd. 1. Berlin: Kultur und Fortschritt 1953, S. 358.

26 Walden / Schreyer: *Der Sturm*, S. 5.

27 Astrit Schmidt-Burkhardt: *Stammbäume der Kunst. Zur Genealogie der Avantgarde.* Berlin: Akademie 2005, S. 114–159; David Caute: *The Dancer Defects. The Struggle for Cultural Supremacy during the Cold War.* Oxford / New York: Oxford UP 2003, S. 539–567.

Hauptrolle Waldens und des *Sturms* in der Genese der Avantgarde „wahrheitsgetreu“ der Nachwelt „in Erinnerung zu bringen“, und so versuchten sie, diese „authentisch und geschichtlich zu belegen durch biographisches und chronologisches Material“.[28] Gerade dieses Material – viele Bilder, eine größere Auswahl von Gedichten, Namenslisten der Mitarbeiter der Zeitschrift und der in der Galerie ausgestellten Künstler in der Periode 1912–22 – dürfte überzeugt haben, sodass ihre Darstellung als „historische Wahrheit“[29] übernommen wurde, obwohl sie sich nur sehr begrenzt mit der Vorstellung durchsetzen konnten, dass *Der Sturm* der eigentliche Motor und „Drehpunkt“ der europäischen Avantgarde im Allgemeinen und des Expressionismus im Besonderen gewesen war. Jedoch kam mit Reidemeisters Ausstellung *Der Sturm* 1961 wieder voll ins Bild und gibt es bis heute Ausstellungen, die den *Sturm* als „Zentrum der Avantgarde“ würdigen, wie eine Retrospektive 2012 im Wuppertaler Museum von der Heydt hieß.[30]

Die Konzeption der Ausstellung in der Nationalgalerie basierte weitgehend auf Nell Waldens und Lothar Schreyers Darstellungen. Die Einführung des Katalogs schließt teilweise wortwörtlich am ersten Kapitel von Schreyers *Erinnerungen an Sturm und Bauhaus* an, das in kompakter Form ihr Bild zusammenfasst und nicht nur als Vorlage für Reidemeisters Einführung diente, sondern Koordinaten für die *Sturm*-Historiographie bis auf den heutigen Tag lieferte. Das Kapitel „Was ist der STURM?“ öffnet mit einer Anekdote aus zweiter Hand (Schreyer traf Stramm nie), die zum Gemeinplatz der Literatur zum *Sturm* geworden ist: „Als August Stramm gefragt wurde: ‚Was ist der STURM?‘, antwortete er: ‚Der STURM ist Herwarth Walden‘“.[31] Reidemeister zitiert diesen Satz zwar nicht, aber bezeichnet Walden als „Einzelnen“, spricht nicht von „europäischer Kunstwende“, sondern von „europäischer Avantgarde“, und wenn Walden bei Schreyer

28 Walden / Schreyer: *Der Sturm*, S. 5.

29 Ebd., S. 6.

30 Vgl. Andrea von Hülsen-Esch / Gerhard Finckh: *Der Sturm. Zentrum der Avantgarde*. 2 Bde. Wuppertal: Von der Heydt-Museum 2012; wie ähnlich zuvor Freya Mülhaupt (Hrsg.): *Herwarth Walden 1878–1941. Wegbereiter der Moderne*. Berlin: Berlinische Galerie 1991; Barbara Alms / Wiebke Steinmetz (Hrsg.): *Der Sturm im Berlin der zehner Jahre*. Delmenhorst: Städtische Galerie 2000.

31 Schreyer: *Erinnerungen*, S. 7

sein „Ziel erreicht", hat er bei Reidemeister „seine Mission" erfüllt.[32] Aber auch die Darstellung des *Sturms* im Buch zur großen Marbacher Expressionismus-Ausstellung im Vorjahr,[33] die den Expressionismus wieder auf den Plan brachte, oder beispielsweise die von Curt Hohoff verfasste Neuausgabe von Albert Soergels *Dichtung und Dichter der Zeit* 1964 folgen in der Neugestaltung des Kapitels zum *Sturm* den Vorgaben im *Erinnerungsbuch* auf dem Fuß. Zwar wird die zentrale Rolle des *Sturms* in der Avantgarde bis dato vor allem in der Literatur zum *Sturm* apostrophiert. Jedoch begegnet man auch in anderer Literatur wie in Pipers Kulturgeschichte des Ersten Weltkriegs in großen Konturen dem Bild, das Nell Walden und Schreyer in den 1950ern präsentierten, das anschließend in der Historiographie übernommen wurde und sich seitdem reproduziert, nicht zuletzt, wenn es um Krieg, Chauvinismus und Internationalismus geht.

Die Vorstellung, im *Sturm* sei es jedenfalls 1912–22 nur um Kunst gegangen und man sei daher prinzipiell der Politik wie dem Krieg ferngeblieben, passte in den 1950er und 1960er Jahren ausgezeichnet, in der folgenden Periode, als politisches Engagement mit einer linken Signatur gefragt war, zwar sehr viel weniger. Aber seit Ende der 1980er Jahre, seit 1989 passte sie wiederum bestens, indem gerade die unpolitische Tendenz nicht zuletzt dem *Sturm* eine privilegierte Stellung als eine historiographische „Drehscheibe in den Westen"[34] bietet, welche die Anbindung und Eingliederung der Avantgarde aus Ländern, die sich bis 1989 hinter dem „Eisernen Vorhang" befanden, in die „historische Avantgarde" erlaubt. Deren Historiographie war in der Zeit des Kalten Kriegs lange Zeit in erster Linie eine westliche Angelegenheit. Sie kommt z. B. in der DDR erst 1979 seriös in Gang, als ein Sammelband von Karlheinz Barck, Dieter Schlenstedt und Wolfgang Thierse erscheint: *Künstlerische Avantgarde – Annäherungen an ein unabgeschlossenes Kapitel.*[35] Eine größere Monographie *Herwarth Walden und „Der Sturm"* erscheint bald danach in Leipzig, in

32 Reidemeister: *Der Sturm*, S. 6.

33 Paul Raabe / H. L. Greve: *Expressionismus. Literatur und Kunst 1910–1923.* Marbach am Neckar: Schiller-Nationalmuseum 1960, S. 141–142.

34 Andrea von Hülsen-Esch: Einleitung. In: Dies. / Finckh: *Der Sturm*, Bd. 2, S. 9–13, hier S. 12, vgl. auch S. 441–540.

35 Karlheinz Barck / Dieter Schlenstedt / Wolfgang Thierse (Hrsg.): *Künstlerische Avantgarde. Annäherungen an ein unabgeschlossenes Kapitel.* Berlin: Akademie 1979.

der – begreiflich – gerade Waldens Wendung zum Kommunismus hervorgehoben und positiv dargestellt wird.[36] Was hier als Vorzug aufgeführt wird, kommt in einer parallel zwei Jahre später im Westen erschienenen Monographie von Volker Pirsich, ähnlich wie bei Nell Walden und Schreyer, eher peripher zur Sprache und wie bei ihnen in direktem Zusammenhang mit dem Niedergang des *Sturms* in den 1920ern, als die eigentliche „Sturmzeit" vorbei war – zumindest in der Darstellungsweise von Schreyer und Nell Walden, der Pirsich auch folgt, indem bei ihm die „Sturm-Kunsttheorie" im Mittelpunkt steht, in der Politisches keine Rolle spielen würde.[37] Waldens Kommunismus ist mittlerweile wieder zum Problem geworden oder erscheint zumindest als Trübung des Bildes, wenn es um sein Interesse für ost- und mitteleuropäische Avantgarde und die Präsenz dieser Avantgarde im *Sturm* in den 1920ern als Nachweis der An- und Einbindung dieser Avantgarde in der ost- und mitteleuropäischen postkommunistischen Avantgardehistoriographie geht, weil eine politische Motivation für seinen Blick nach Osten ein genuin künstlerisches Interesse tendenziell fragwürdig machen würde.[38] Immerhin hat *Der Sturm* sich aber als „Zentrum der Avantgarde"[39] halten können, dem im Netzwerk der europäischen Avantgarden als Konfiguration künstlerischer Erneuerungsbewegungen ein zentraler Platz zukommt, obwohl es durchaus viele Darstellungen der Avantgarde gibt, die wie Alfred H. Barr Jr. dem *Sturm* keine zentrale Bedeutung beimessen. In dieser Hinsicht war und ist die Wirkung von Nell Waldens und Lothar Schreyers Darstellungen sicherlich auch begrenzt. Für die begrenzte, aber doch erhebliche Wirkung, die sie hatten, war zunächst die Konturierung des *Sturms* als „Bewegung" und „Kreis",[40] die sich von Politik grundsätzlich fernhielten, von entscheidender Bedeutung.

36 Georg Brühl: *Herwarth Walden und „Der Sturm"*. Leipzig: Edition Leipzig 1983; das Buch erschien in einer westlichen Ausgabe ebenfalls bei DuMont in Köln.

37 Volker Pirsich: *Der Sturm. Eine Monographie*. Hertzberg: Bautz 1985.

38 Hülsen-Esch: Vorwort, S. 3.

39 Hülsen-Esch / Finckh: *Der Sturm*.

40 Walden / Schreyer: *Der Sturm*, S. 10–11.

4.

Der Sturm war spätestens 1912, als die Galerie eröffnet wurde, auch ein Unternehmen, dem sich insbesondere in den Kriegsjahren viele Zweig- und Subunternehmen anschlossen, darunter ein Verlag, eine Buchhandlung, eine Bühne bzw. Bühnenverein; aber zum diversifizierten Geschäftsmodell mit Schwerpunkt Kunst zählten auch Unternehmen mit politischem Charakter, so wie man in der Zeitschrift von der ersten Nummer im Jahre 1910 bis zur letzten 1932 politische Glossen, Kommentare und Berichte findet. Im Ersten Weltkrieg mag ihre Zahl sehr beschränkt sein. In den Kriegsjahren begegnet man dem *Sturm* aber in anderen Medien, in der ausländischen Presse. Zum Unternehmensgeflecht zählte nicht nur eine „Weltpressestelle" als Lesesaal in den Räumlichkeiten des Unternehmens in der Potsdamer Straße,[41] sondern ebenfalls ein „Svenska Nyhetsbyrå Der Sturm, Berlin" bzw. „Svenska Underrätselsebyrå Der Sturm, Berlin",[42] die integrierte Bestandteile des Unternehmens waren. In der „Weltpressestelle" wurden Zeitungen gesammelt und vom Nachrichtenbüro wurde Kriegspropaganda produziert – wie der Name des Nachrichtenbüros angibt: als *Der Sturm*. Darüber hinaus war Herwarth Walden selbst auch geheimdienstlich tätig, was ihm 1941 in der Sowjetunion mit zum Verhängnis wurde, als er dort der Spionage verdächtigt wurde und man in Moskau – wie Verhörprotokolle andeuten – bestens über seine geheimdienstlichen Aufgaben unter dem Deckmantel des Kunsthandels im Ersten Weltkrieg, darunter auch Spionage zu russischen Aktivitäten in Skandinavien, informiert war.[43]

Vergleicht man die Beiträge des Nachrichtenbüros, die bis Kriegsende in der schwedischen Tagespresse zu finden sind, dann sprechen sie eine eindeutige Sprache. Selbstverfasste Stimmungsberichte befürworten und verteidigen die kaiserliche Kriegspolitik und fordern zur germanischen Solidarität mit dem deutschen Brudervolk auf, gegen welches Millionen Russen „stürmen", da die Deutschen doch „von

41 Kate Winskell: The Art of Propaganda. Herwarth Walden and ‚Der Sturm', 1914–1919. In: *Art History* 18,3 (1995), S. 315–344, hier S. 325.

42 Vgl. Anon.: Upplefvelser i Ryssland. In: *Korrespondenten. Landskrona Tidning*, 25.09.1914; Anon.: „Le petit de Guillaume!". In: *Korrespondenten. Landskrona Tidning*, 16.10.1914.

43 V. F. Koljazin: *„Vernite mne svobodu!" Dejateli literatury i iskusstva Rossii i Germanii – ertvy stalinskogo terrora. Memorialnyj sbornik dokumentov iz archivov byvego KGB*. Moskva: Medium 1997, S. 242–282.

derselben Rasse und demselben Stamm“ wie die Schweden seien, wie es im September 1914 in einer der ersten, anfänglich von Nell Walden persönlich gezeichneten Berichte in *Korrespondenten. Landskrona Tidning* heißt: „Vi äro alla germaner“ – „Wir sind alle Germanen“.[44]
Parallel zu den Artikeln erschien von Nell Walden (bzw. unter ihrem Namen) in der von Friedrich Naumann herausgegebenen Zeitschrift *Die Hilfe* ein Aufsatz zur Stimmungslage in Skandinavien, der die Grundlage der folgenden Propagandatätigkeit von *Der Sturm* in den nordischen Ländern wie auch in den Niederlanden bildet. Mit Zuversicht wird festgestellt, dass „man sich dort mehr und mehr auf sein Germanentum“ besinne „und weiß, daß Deutschland die einzige zuverlässige Stütze gegen ein etwaiges Vordringen des Slawentums ist“.[45] Es wird auf die konservativ-nationalistische schwedische Publizistin Anna Åkerhielm hingewiesen, die „Sympathie für die Sache Deutschlands […] für eine Sache des Germanentums hält“.[46]
Ob hier von Chauvinismus gesprochen werden kann? Jedenfalls von einem dezidierten Nationalismus pangermanistischer Signatur und sicherlich nicht von Pazifismus oder unmissverständlicher Kriegsgegnerschaft. Ebenso veranstaltete *Der Sturm* Ausstellungen im neutralen Ausland – als Fortsetzung der internationalen Ausstellungstätigkeit? Sicher setzten sie diese Ausstellungstätigkeit fort, aber, wie Walden in einem Brief an das Auswärtige Amt schreibt, das für ihn den Transport regelte, galten sie auch „teils um zu beweisen, dass wir uns stark genug fühlen, um auch außerhalb des Reiches Ausstellungen zu veranstalten, teils im Interesse der Einführung und Weiterverbreitung bester deutscher Kunst im Ausland“.[47] Mögen dabei auch ausländische Künstler gezeigt worden sein, sogar aus feindlichen Ländern, so wurde auf diese Weise eine Propagandastrategie implementiert, die die konventionelle Kriegspropaganda flankierte,[48] aber bereits vor

44 Nell Walden: Berlin i krigstid. In: *Korrespondenten. Landskrona Tidning,* 18.09.1914.

45 Nell Walden: Skandinavien und Deutschland. In: *Die Hilfe. Wochenschrift für Politik, Literatur und Kunst* 20,39 (1914), S. 631.

46 Ebd.

47 Zit. in Kate Winskell: The Art of Propaganda, S. 342.

48 Hubert van den Berg: The Autonomous Arts as Black Propaganda. On a Secretive Chapter of German ‘Foreign Cultural Politics’ in the Netherlands and Other Neighbouring Neutral Countries During the First World War. In: Gillis J. Dorleijn / Ralf Grüttemeier / Liesbeth Korthals Altes (Hrsg.): *The Autonomy of Literature at the* Fins de Siècles *(1900 and 2000).* Leuven: Peeters 2008, S. 71–120.

dem Krieg von Paul Rohrbach in seinem Buch *Der deutsche Gedanke in der Welt* als auswärtige Kulturpolitik vorgeschlagen worden war. Zur Förderung deutscher imperialer Interessen durch *pénétration pacifique*, wie es damals hieß, kam im Rahmen eines „friedlichen Imperialismus" Kulturpropaganda eine besondere Bedeutung zu, die als „stille Arbeit" formuliert und implementiert wurde,[49] wobei das moderne Deutschland, so Rohrbach, die Aufgabe hatte, durch Weltoffenheit und Liberalität Anbindung ans Ausland, vor allem aber Anbindung des Auslandes an Deutschland zu bewirken und verstärken, denn:

> Von dem *eigentlichen Deutschland* können wir wohl sagen, daß es *kein reaktionäres ist*, daß die Kraft idealer Bestrebungen nicht um politischer Zwecke, sondern um des Einzeldaseins der Idee willen in ihm lebendig ist und daß nicht allein Opportunismus unser Verhalten zu fremden Nationen bestimmt, sondern daß Fähigkeit und Neigung, *das innere Recht der anderen zu sehen*, trotz aller Vorkommnisse chauvinistischer Selbstvergessenheit bei uns relativ besser entwickelt sind, als z.B. bei den Engländern und Franzosen.[50]

Diese Vorstellung, so wie sie hier von Rohrbach formuliert wird, aber auch von anderen wie Karl Lamprecht vertreten wurde, bildete im Ersten Weltkrieg die Grundidee einer Sparte der „Kunst- und Kulturpropaganda", die im Ersten Weltkrieg u.a. von Harry Graf Kessler und Richard von Kühlmann elaboriert und von der für Propaganda zuständigen Zentralstelle für Auslandsdienst im Auswärtigen Amt orchestriert wurde. Im Rahmen dieses Propagandaprogramms organisierten Walden mit seiner *Sturm*-Galerie, aber auch Paul Cassirer Ausstellungen deutscher expressionistischer Kunst im Ausland[51] und umgekehrt ausländischer Expressionisten in Berlin. So veranstaltete Walden 1915 eine Ausstellung „schwedischer Expressionisten" in der Potsdamer Straße.[52] Auch wurde von Cassirer direkt nach dem

49 Jürgen Kloosterhuis: Friedliche Imperialisten. Deutsche Auslandsvereine und auswärtige Kulturpolitik. Frankfurt am Main: Lang 1994, Bd.1, S.221. Vgl. Malte Fuhrmann: *Der Traum vom deutschen Orient. Zwei deutsche Kolonien im Osmanischen Reich 1851–1918*. Frankfurt am Main: Campus 2006.

50 Paul Rohrbach: *Der deutsche Gedanke in der Welt*. Düsseldorf / Leipzig: Langewiesche 1912, S.224.

51 Harry Graf Kessler: *Das Tagebuch 1880–1937*, Bd.6, hrsg. v. Roland S. Kamzelak / Ulrich Ott unter Beratung von Hans Ulrich Simon / Werner Volke / Berhard Zeller. Stuttgart: Cotta 2006, S.772.

52 Jan Torsten Ahlstrand / Katarina Borgh Bertorp / Andreas Hüneke / Freya Mülhaupt / Bernhard Schulz: *Svenskt avantgarde och Der Sturm i Berlin. Schwedische Avantgarde und Der Sturm in Berlin*. Lund / Osnabrück: Kulturen / Museums- und Kunstverein 2000.

Krieg, finanziert vom Auswärtigen Amt, 1920 eine Ausstellung von Edvard Munch organisiert, die – wie Cassirer dem Auswärtigen Amt schrieb und deshalb auch ihre Finanzierung erhielt – „von grosser künstlerischer wie politischer Bedeutung" sei, indem „diesem Manne, der einen ausserordentlichen Einfluss in seinem Heimatlande besitzt, die Möglichkeit gegeben wird, die Verbindung mit seinen deutschen Kameraden wieder herzustellen".[53] Wiederanknüpfung kultureller Beziehungen, die durch den Krieg abgebrochen waren, zählte zu den Hauptzielen der Kulturpropaganda.

Paul Rohrbach spielte zu Kriegsbeginn eine zentrale Rolle beim Aufbau des deutschen Propagandaapparats und in diesem Zusammenhang auch bei der propagandistischen „Mobilmachung" der Kultur.[54] Seinen Namen findet man im Gästebuch der „Sammlung Walden".[55] Rohrbach wird auch von Nell Walden später erwähnt als derjenige, der sie – sie stellt es als persönliches Nebengeschäft dar – mit offiziellen wie auch privaten Auftraggebern in Verbindung bringt, für die sie dann journalistische Arbeit verrichtete und übersetzte.[56] Bei der Einbindung des *Sturms* in die offizielle Kriegs- und Kulturpropaganda kam Rohrbach vermutlich eine Schlüsselrolle zu. Ob die antislawische Rhetorik zu Rohrbachs 1912 formulierter Vorstellung passt? In der Kriegspropaganda, für welche er federführend zuständig war, spielten „die slawischen Horden" und die Gefahr, die von ihnen für das Germanentum ausgehen würde, auch eine nicht unerhebliche Rolle. In einem Werbeprospekt *Der Sturm. Eine Einführung* wird es 1917 heißen, die Zeit sei gekommen, in welcher „im Expressionismus das deutsche und slavische Kunstempfinden sich gegen das romanische, das zum Impressionismus strebt, durchsetzt".[57] Da war die russische Revolution im Gang und förderte

53 Brief von Paul Cassirer an Johannes Sievers, Leiter der Nachrichtenabteilung des Auswärtigen Amts, 13.10.1919. Bundesarchiv R901/71929; vgl. auch Curt Glaser: *Edvard Munch*. Berlin: Cassirer 1917.

54 Vgl. Jürgen von Ungern-Sternberg / Wolfgang von Ungern-Sternberg: *Der Aufruf ‚An die Kulturwelt!' Das Manifest der 93 und die Anfänge der Kriegspropaganda im Ersten Weltkrieg*. Stuttgart: Steiner 1996.

55 Eintrag 27.02.1915, Gästebuch Sammlung Walden. Staatsbibliothek zu Berlin, Handschriftenabteilung.

56 Nell Walden: *Herwarth Walden. Ein Lebensbild*. Berlin / Mainz: Kupferberg 1963, S. 43.

57 Anon.: *Der Sturm. Eine Einführung*. Berlin: Der Sturm 1917, S. 3.

das Auswärtige Amt die Bolschewisten finanziell, mit Lenins Passage durch Deutschland,[58] aber auch durch eine neue kulturelle Öffnung, jedenfalls im *Sturm*.

Indem hier die Kunst der Politik diente, passte diese Dimension des *Sturms*, auch der internationalen Ausstellungspraxis im Krieg, schlecht zur neuen Vorstellung der „befreiten Kunst“ nach 1945 und ebenso wenig zur Avantgarde im Greenbergschen Sinne, in der Kunst gerade nicht „im Dienst der Politik“, schon gar nicht „im Dienst des Staates“ stehen sollte.[59] Zwar mag die Vorstellung von „slawischen Horden“ auch nach 1945 noch bei vielen Anklang gefunden haben, aber eher nicht bei denjenigen, die in der Avantgarde die eigentliche Kunst des 20. Jahrhunderts sahen, zumindest nicht in den 1950er und 1960er Jahren, in denen auch ein „Germanentum“ in Gefahr, das sich kräftig wehren sollte, nicht zum Nachkriegsdeutschland passte, das sich vom „Dritten Reich“ zu unterscheiden suchte. Hier musste die Geschichte umgeschrieben und neu erfunden werden, wobei insbesondere Schreyer noch ein persönliches Interesse hatte.

Zwar profilierte er sich nach dem Zweiten Weltkrieg als christlicher Schriftsteller, Publizist und Künstler, war aber seit den 1910er bis Mitte der 1930er Jahre fest in völkischen deutschnationalen Zusammenhängen mit rassistischer und antisemitischer Tendenz, später auch in die NSDAP und NS-Gremien eingebunden gewesen.[60] Dabei war es seine Rettung, dass auch er der Kampagne gegen „entartete Kunst“ zum Opfer fiel und sich als Verfolgter präsentieren konnte, obwohl er sich zusammen mit Ernst Jünger und dem NS-Parteidichter Dietrich Eckart als „geistiger Stoßtruppführer“ und „Dichter der

58 Mit Richard von Kühlmann und anderen Aktoren, die ebenfalls die Politik der Kulturpropaganda entwickelten, vgl. Gerhard Schiesser / Jochen Trauptmann: *Russisch Roulette. Das deutsche Geld und die Oktoberrevolution.* Berlin: Das Neue Berlin 1998.

59 Grimme: Ansprache, S. 5–6.

60 Vgl. Hubert van den Berg: Lothar Schreyers Beiträge in *Die Unvergessenen.* Hinweis auf eine historische Verknüpfung von klassischer Avantgarde und konservativer Revolution. In: Natalia Żarska / Gerald Diesener / Wojciech Kunicki (Hrsg.): *Ernst Jünger – eine Bilanz.* Leipzig: Universitätsverlag 2010, S. 178–199; Hubert van den Berg: Der Sturm. Une revue et une galerie berlinoises d'avant-garde entre internationalisme et nationalisme. In: Thomas Hunkeler / Adriana Copaciu / Fabien Dubosson (Hrsg.): *Paradoxes de l'avant-garde. La modernité artistique à l'épreuve de sa nationalisation.* Paris: Classiques Garnier 2014, S. 49–75.

Nation" 1933 feiern ließ und gefeiert wurde[61] – auch weil er eine Auffassung der „Kunstwende" als einer germanischen „Kunstwende" hatte, die, wie er 1926 im antisemitischen *Deutschen Adelsblatt* betonte, sich vom slawischen Hang zur Formauflösung ebenso unterschieden habe wie vom romanischen Hang zum Formalismus:

> Die Germanen brachten den eigentlichen Expressionismus, indem sie die organische Form durch ihren geistigen Gehalt, die Gesetzmäßigkeit des einzelnen Naturgebildes, auszudrücken suchten. Franz Marc und die Holländerin Jacoba van Heemskerck sind die Bedeutendsten.[62]

Daher sollte diese „Kunstwende" seines Erachtens auch verbunden sein

> mit einer bewußten Abkehr von der Internationalisierung der Kunst. Sie überläßt die internationalen Äußerungen der Technik und hat den Charakter des Rassischen und des Volksgemäßen außerordentlich stark erkannt, gepflegt, sich auf die Volkskunst der Vergangenheit gestützt und aus ihr die neuen Gestalten der gegenwärtigen Kunst zu entwickeln versucht.[63]

Jedenfalls hatte Schreyer gute Gründe, seine politische Vergangenheit und seinen radikal nationalistischen, wenn nicht schlicht nazistischen Blick auf Kunst auszublenden, als es galt, den *Sturm* als „Drehpunkt der europäischen Kunstwende" zu profilieren. Nell Waldens Biographie mag eine andere gewesen sein. Sie ging 1933 ins Exil, aber auch ihre Vorstellungen zur germanischen Solidarität im Ersten Weltkrieg entsprachen nach 1945, jedenfalls insofern es um Avantgarde ging, nicht dem neuen Geist der Zeit.

5.

Inwiefern das Germanentum auch Herwarth Waldens Sache war? Es besteht kein Zweifel, dass *Der Sturm* diachron wie synchron ästhetisch heterogen ist, Forum diverser Avantgardebewegungen war, die zwar alle eine „neue Kunst" anvisierten, jedoch in unterschiedlicher Weise. Auch in politischer Hinsicht gibt es unterschiedliche Positionen. So

61 Otto Brües: Geistige Stosstruppführer. Ernst Jünger, Dietrich Eckart, Lothar Schreyer. Dichter der Nation (Schluß). In: *Sonntag-Morgen*, 16.07.1933.

62 Lothar Schreyer: Zur Geschichte des Expressionismus. 1. Malerei. In: *Deutsches Adelsblatt*, 1926, S. 524.

63 Lothar Schreyer: Wiedergeburt deutscher Kultur. In: *Deutsches Adelsblatt*, 1929, S. 4.

plädiert Kurt Schwitters 1924 im *Sturm* für „Übernationalität",[64] wohl auch als Replik auf die deutschnationale Orientierung, die bei Schreyer, aber auch bei Rudolf Blümner unverkennbar ist. Blümner, Waldens rechte Hand und Geschäftsführer seit 1910, war – wie Schreyer es später mit der beschönigenden Bezeichnung Armin Mohlers umschrieb – ebenso wie Schreyer der „konservativen Revolution" zugetan.[65] Noch 1918 hatte Blümner sich vehement gegen die Vermutung gewehrt, *Der Sturm* besitze eine pazifistische Ausrichtung.[66] Als 1923–24 die „Kampfkameradschaft für die Kunst"[67] von Herwarth und Nell Walden aufgrund politischer Differenzen auseinanderbricht, erscheint im letzten *Sturm*-Heft 1923 eine von Blümner verfasste Mitteilung an die *Sturm*-Leser, die Zeitschrift werde künftig als Vierteljahresheft erscheinen. Walden befindet sich zu diesem Zeitpunkt in Skandinavien, wo er mit einer Wanderausstellung harte Währung einzutreiben versucht.[68] Wichtigster Grund für die Umstellung von einer Monats- auf eine Vierteljahresschrift, der allerdings nicht genannt wird, ist die wirtschaftliche Malaise. *Der Sturm* war durch die Hyperinflation finanziell am Ende. Blümner gibt jedoch andere Gründe an: Die kulturelle Lage in Deutschland erfordere diese Umstellung, wohlvermerkt: in Deutschland. Blümner spricht zwar auch lapidar vom „Ausland", aber Blümners Fokus sind Deutschland, das deutsche Volk, deutsche Sprache, deutsche Dichtung, deutsche Kunst und deutsche Politik und deren bedauerlicher Zustand,[69] den er wohl ähnlich sah wie Schreyer. In seinem politischen Pamphlet *Verantwortlich*, veröffentlicht von der deutschnationalen, völkischen orientierten Hanseatischen Verlagsanstalt, wo er 1928 Lektor wurde, als er als „verantwortlicher Schriftleiter" beim *Sturm*

64 Kurt Schwitters: Nationalitätsgefühl. In: *Der Sturm* 15 (1924), *Monatsbericht* August, S. 3–4.

65 Van den Berg: Lothar Schreyers Beiträge, S. 193.

66 Winskell: The Art of Propaganda, S. 338.

67 Schreyer: *Erinnerungen*, S. 13.

68 Vgl. Briefe von Herwarth Walden an Eva Weinwurzel 1923, im Deutschen Literaturarchiv (Marbach am Neckar), B: Schreyer 67.1957/1–25. Wie die Briefe andeuten, sollte eine Ausstellung „Internationale Kunst", die in Dänemark, Schweden und Norwegen gezeigt wurde, in erster Linie ausländische Währung einbringen, da die Reichsmark durch Hyperinflation wertlos geworden war, vgl. auch Herwarth Walden (Hrsg.): *International Kunst. Ekspressionister og kubister. Malerier, Grafik og skulturer, udstillede i Ole Haslunds Hus i København*. Berlin: Der Sturm 1923.

69 Rudolf Blümner: An die Leser des Sturm! In: *Der Sturm* 14,12 (1923), S. 191–192.

zurücktrat, beklagte Schreyer, Deutschland sei von den Deutschen verraten worden. Zur Rettung Deutschlands solle man als Deutscher seine Verantwortlichkeit für die eigene Volksgemeinschaft, für das eigene, deutsche Volkstum ernst nehmen.[70] Schwitters Aufsatz „Nationalitätsgefühl", der im *Monatsbericht* des *Sturms* im August 1924 erschien, polemisiert aus „übernationaler" Perspektive gegen diese völkische Deutschtümelei sowie gegen jede Form des „partikularen Nationalitätsgefühls".[71] Walden dürfte 1924 eher eine Mittelposition, so wie sie in einem kurzen Text „Nation und Rasse" in einem *Monatsbericht* im April 1924 zu finden ist, eingenommen oder sich zumindest darum bemüht haben. Es handelt sich um eine kurze Passage aus einer kleinen Schrift des 1921 verstorbenen Physiologen und Archäologen Max Verworn, *Keltische Kunst*, die 1919 im *Sturm*-Verlag erschienen war und jetzt als kleine politische Glosse im Monatsbericht veröffentlicht wird:

> Wir pflegen mit Recht Deutschland als einen einheitlichen Nationalstaat zu bezeichnen und wir dürfen stolz darauf sein. Es wäre aber falsch, wenn wir diese Auffassung auf den unglücklichen Rassenbegriff gründen wollen. Der Rassenbegriff hat in wissenschaftlicher Hinsicht ebensoviel Unheil angerichtet wie in politischer Beziehung, weil er sich überhaupt nicht scharf bestimmen läßt. In Wirklichkeit gibt es gar keine Rasse und der Begriff ist irreführende Fiktion. Die Rassenfanatiker begehen aber den Fehler, daß sie die Einheitlichkeit unseres Nationalstaates in einer gemeinsamen germanischen Abstammung der Deutschen erblicken. Das widerspricht der geschichtlichen Erfahrung. An der Zusammensetzung der heutigen Bevölkerung Deutschlands haben sich außer Germanen auch keltische Stämme, Romanen, Slaven und schließlich auch semitische Elemente mehr oder weniger umfangreich beteiligt.[72]

Walden, so scheint es, war viel an dieser Überlegung gelegen, denn 1932, als die akute Gefahr des Rassismus durch die drohende Naziherrschaft offensichtlich ist, druckt er Verworns Text nochmals.[73] Wenn es sechs Jahre später im Moskauer Exil in der Expressionismusdebatte um die Frage geht, inwiefern der Faschismus schon im

70 Lothar Scheyer: *Verantwortlich*. Hamburg: Hanseatische Verlagsanstalt 1922. Die politische Streitschrift ließ Schreyer aus dem Schriftenverzeichnis weg, das er zur Entnazifizierung vorlegen musste, vgl. seine Entnazifizierungsakte im Deutschen Literaturarchiv (Marbach am Neckar), A: Schreyer, Zugang 1990, Kasten 11, Mappe 5.

71 Schwitters: Nationalitätsgefühl, S. 3.

72 Max Verworn: Nation und Rasse. In: *Der Sturm* 15 (1924), *Monatsbericht* April, S. 2–3.

73 Max Verworn: Der deutsche Nationalstaat. In: *Der Sturm* 21,2 (1932), S. 35–36.

Expressionismus enthalten war, wird Walden zum Expressionismus und dem *Sturm* im Kontext des Ersten Weltkriegs 1938 in der Exilzeitschrift *Das Wort* zu ihrer und wohl auch seiner Verteidigung erklären: „Der Expressionismus war die Internationale, die bekämpft wurde und bekämpft werden mußte“[74] – aus nationalistischer und (prä-)faschistischer Warte, wie er ausführt. Aus dem Vorangehenden mag deutlich sein, dass der Internationalismus, den Walden hier in der Fassung der Dritten Internationale für den *Sturm* im Ersten Weltkrieg beansprucht, ebenso wenig für die vom *Sturm* artikulierte Politik im Krieg zutrifft wie die späteren Darstellungen von Nell Walden und Lothar Schreyer, die nachweislich im Krieg und danach ihren Namen mit rechtsradikalen, nationalistischen und faschistischen Positionen verbinden. Dabei mag Walden sich zwar im Sinne Verworns als Deutscher verstanden haben, nicht aber als Germane, da er jüdischer Herkunft war, aber so wie es die holländische Malerin Jacoba van Heemskerck im September 1914 in einem Brief an Walden formuliert, dürfte er es auch gesehen haben: „wir müssen mit und durch Deutschland in unsere Kunst weiterkommen“.[75]

Wenn es um eine vermeintliche Bedrohung durch das „Slawentum“ geht, gibt es aber eine bemerkenswerte Glosse im allerersten *Sturm*: „Liberale Rebellen“. Der ungenannte Autor, vermutlich Walden selbst, beklagt sich über ein Wahldebakel der Liberalen im ostpreußischen, heutzutage polnischen Allenstein/Olsztyn, wo die Aufstellung mehrerer liberaler Kandidaten dazu führte, „in einem von großpolnischer Agitation aufgestacheltem Lande die deutschen Stimmen durch die Aufstellung nationalliberaler Kandidaten zu zerstückeln“.[76] Dass die Waldens 1914 nach Kriegsbeginn sofort tätig werden in der Propaganda, deutet auf bereits ältere Beziehungen. Dass 1910 „großpolnische Agitation“ als Bedrohung für das „Deutschtum“ in Ost-Preußen gesehen wird, passt zur Vorstellung 1914, die im „Vordringen des Slawentums“ eine Gefahr für das gesamte Germanentum sieht. Zwar

74 Schmitt: *Expressionismusdebatte*, S. 79.

75 Brief von Jacoba van Heemskerck an Herwarth Walden vom 25.09.1915. Staatsbibliothek zu Berlin, Handschriftenabteilung. Vgl. Hubert van den Berg: „… wir mussen mit und durch Deutschland in unserer Kunst weiterkommen.“ Jacoba van Heemskerck und das geheimdienstliche „Nachrichtenbüro ‚Der Sturm‘“. In: Petra Josting / Walter Fähnders (Hrsg.): *„Laboratorium Vielseitigkeit“. Zur Literatur der Weimarer Republik. Festschrift für Helga Karrenbrock*. Bielefeld: Aisthesis 2005, S. 67–87.

76 Anon.: Liberale Rebellen. In: *Der Sturm* 1,1 (1910), S. 3.

geht es in dieser Glosse in erster Linie um die Unfähigkeit der deutschen Liberalen, sich in Allenstein auf einen Kandidaten zu einigen. Es geht aber auch um eine Bedrohung von polnisch-slawischer Seite, der ein guter, starker Kandidat von liberaler Seite entgegenzusetzen gewesen wäre. Und das mag Aufschluss über Waldens eigene politische Stellung in den frühen 1910er Jahren geben, die zumindest in dieser Glosse mit jener Rohrbachs deckungsgleich ist.

6.

Als 1970 bereits die Grundlinien der Darstellung, die Nell Walden und Lothar Schreyer in den 1950er Jahren präsentierten, zu festen Koordinaten der Historiographie geworden waren, erschien ein Reprint der Zeitschrift. Eine Rezension in der *Frankfurter Allgemeinen Zeitung* titelte „Eine Legende wurde überprüfbar".[77] Es fehlten, wie der Rezensent nicht erkennen konnte, da es sich um die nichtpaginierten Seiten handelte, etwa vierhundert Seiten der letzten zehn Jahrgänge – Umschläge, Titelseiten und Seiten mit Werbung, Mitteilungsblätter, die nicht zuletzt – wie sich bei den Wortmeldungen in der Kontroverse über Nationalismus zeigt – sehr aufschlussreich sind, wenn es um die politischen Dimensionen und Affiliationen des *Sturms* geht.[78] Die Frage stellt sich: Wieso? War es mangelnde Sorgfalt des Verlags und der Bearbeiter? Oder galten sie als belanglos oder gerade störend, weil sie zur Legende nicht passten? Und die Frage stellt sich auch: Überprüfbar von wem? Zwar fehlt allerlei, aber die Zeitschrift erschien über zwanzig Jahre. Der unvollständige Reprint umfasst immerhin 4.489 Seiten mit tausenden Beiträgen von hunderten Autoren – ein enormer Heuhaufen, wenn auch mit vielen Nadeln.

Nicht nur zeigt die Zeitschrift in den letzten Jahren durchaus politische Tendenz, wie Nell Walden und Lothar Schreyer als Grund für den Niedergang des *Sturms* angeben und als Begründung dafür, dass sie sich von Walden trennen mussten, weil ihnen seine Entwicklung

77 Heinz Schöffler: Eine Legende wurde überprüfbar. Faksimile-Nachdruck des „Sturm". In: *Frankfurter Allgemeine Zeitung*, 05.06.1971.

78 Zu den wenigen Bibliotheken, wo die Zeitschrift vollständig erhalten ist, zählt die Staatsbibliothek zu Berlin, wo *Der Sturm* in der RARA-Sammlung zu finden ist. Für die Möglichkeit, die Zeitschrift einzusehen, möchte ich mich bei Andreas Wittenberg sehr herzlich bedanken.

zum Kommunisten ungeheuer war. Oder eher umgekehrt: Walden hatte sich von ihnen und von dem eigentlichen Programm des *Sturms*, dem „Kampf für die neue Kunst", entfernt: „DER STURM, Herwarth Waldens Werk, entglitt Herwarth Walden, seinem Schöpfer", weil Walden hoffte, den Expressionismus „in die politische Revolution, und zwar die des Kommunismus einordnen zu können."[79]
Auch die ersten Jahrgänge enthalten eine Vielzahl politischer Glossen und Kommentare. In den Jahren dazwischen, die Nell Walden und Lothar Schreyer als die eigentliche „Sturm-Zeit" bezeichnen, in der Periode von 1912–22, mag die bildende Kunst im Vordergrund stehen; wie aber Petra Jenny Vock 2006 in ihrer Dissertation zur Kriegslyrik im *Sturm* ausführlich nachgezeichnet hat, ist der Krieg auch in den Kriegsjahren sehr präsent und wird keineswegs nur aus kritischer Warte oder der distanzierten Perspektive des Elfenbeinturms betrachtet, die nur im Zeichen der Kunst gestanden hätte.[80]
Als zehn Jahre zuvor die englische Kunsthistorikerin Kate Winskell 1995 in der Zeitschrift *Art History* erstmals Akten des Auswärtigen Amts aus der Periode des Ersten Weltkriegs präsentierte,[81] die unmissverständlich nachweisen, dass Walden und *Der Sturm* tief in die deutsche Kriegspropaganda involviert waren und Walden sich auch geheimdienstlich für das Auswärtige Amt, das Reichsmarineamt und die Oberste Heeresleitung bzw. das Kriegspresseamt und die Abteilung IIIb engagiert hatte, zwar international operierte, aber offensichtlich mit nationalistischer Tendenz, wurde Winskell einige Jahre später im Ausstellungskatalog *Der Sturm im Berlin der zehner Jahre* von Barbara Alms vorgeworfen, ihr Artikel sei „denunziatorisch", da der „übernationale" Charakter des *Sturms* doch außer Frage stehe:

> Eine geheime nationale Neigung, die Winskell erwägt, widerspricht seinen übernationalen Auffassungen [etwa nach der Maxime, die Kunst gehöre weder Frankreich noch Deutschland] […] Waldens Gesinnung ist und bleibt während der gesamten Kriegszeit kosmopolitisch, nur die Kunst bedeutet ihm „Heimat" […] Er fühlte sich nie als Jude, aber auch nicht als Deutscher. […] Das politische Bild Waldens präsentiert sich als von kunstpolitischer Raffinesse und

79 Schreyer: *Erinnerungen*, S. 17.

80 Petra Jenny Vock: *„Der Sturm muss brausen in dieser toten Welt". Herwarth Waldens* Sturm *und die Lyriker des* Sturm*-Kreises in der Zeit des Ersten Weltkriegs. Kunstprogrammatik und Kriegslyrik einer expressionistischen Zeitschrift im Kontext.* Trier: Wissenschaftlicher Verlag 2006.

81 Winskell: The Art of Propaganda, S. 315–344.

> politischer Amoral. Der kunstpolitische Durchsetzungswille spiegelt sich um so blendender.[82]

Mittlerweile hat das „Nachrichtenbüro Der Sturm" auch in der *Sturm*-Historiographie seinen Platz gefunden,[83] jedoch eher – und noch immer der Darstellung Nell Waldens folgend, die schon selbst auf diese Propagandaarbeit in etwas vagen Formulierungen hingewiesen, sie allerdings als (ihre) private Nebentätigkeit bezeichnet hatte – als Parallelspur und Nebengeschäft, das an der Internationalität des *Sturms* nichts ändere oder – wie Alms bereits suggeriert – in gekonnter Weise ermöglichte, weiterhin international zu wirken.

Wie Piper und Schmidt-Bergmann zeigen, hat sich die Vorstellung halten können, Walden (und *Der Sturm* insgesamt) habe sich durch Kriegsgegnerschaft und prinzipielle Ablehnung von Chauvinismus auch im Krieg ausgezeichnet, zumindest in der Zeit der „Kunstwende" 1912–22, wie Schreyer und Nell Walden insistiert hatten. Offensichtlich, so kann man feststellen, hat die *Sturm*-Historiographie die Tendenz, sich zu reproduzieren, einmal festgeschriebene Vorstellungen zu wiederholen. Zumindest bildet die Darstellung von Nell Walden und Lothar Schreyer noch unvermindert einen wichtigen Leitfaden dieser Historiographie, nicht zuletzt, wenn es die Legende des unpolitischen, aber internationalen Walden betrifft, die von Schreyer und Waldens zweiter Ehefrau postum in den 1950er Jahren in Umlauf gebracht wurde und sich in einer Endlosschleife zu wiederholen scheint. Obwohl ihre Legende bereits 1970 weitgehend überprüfbar wurde, kann man fast ein halbes Jahrhundert später feststellen: Das hat an der Legende wenig geändert, zumindest ist die Legende sehr hartnäckig. Es spricht vielleicht für die Legende, vor allem als Legende, die dem *Sturm* einen Platz in der Avantgarde gab, als die Avantgarde als „Avantgarde" erfunden wurde. Diese war in ihrer unpolitischen Konturierung ebenso eine Legende, so wie der programmatische Anspruch, wahre Kunst sei autonom, zwar als Anspruch ein historischer war, aber zugleich auch eine Fiktion ist. Denn genauso heteronom wie *Der Sturm* in seiner Einbindung in die deutsche Kulturpolitik im Ersten Weltkrieg war, war „Avantgarde", so wie sie von Greenberg

82 Alms / Steinmetz: *Der Sturm*, S. 32.

83 Andrea von Hülsen-Esch: Das Unternehmen *Der Sturm* und Herwarth Walden als Unternehmer. In: Dies. / Finckh: *Der Sturm*, Bd. 2, S. 201–225, hier S. 215–216.

konturiert wurde, politisch eingebunden und ging sogar mit geheimen – diesmal amerikanischen – Propagandaprogrammen einher,[84] die eine gewisse Ähnlichkeit mit den Vorgehensweisen im Rahmen der deutschen „Kunst- und Kulturpropaganda" nicht entbehren. Das Bild vom *Sturm*, so wie er jetzt historiographisch firmiert, ist aber mit – soviel mag deutlich sein – nicht zuletzt in seiner scheinbar unpolitischen und trotzdem internationalen Erscheinungsform eine Erfindung der Jahrhundertmitte, als es darum ging, die Geschichte neu zu sehen und zu schreiben, aber auch die Kunst in ihrem Verhältnis zu Politik und zum Staat, jedenfalls in Deutschland, zu überdenken und neu zu bestimmen. Davon zeugt die Legende in vielerlei Hinsicht, insbesondere im Kontrast zur Geschichte des *Sturms*, die sich mittlerweile anders schreiben lässt.

84 Frances Stonor Saunders: *The Cultural Cold War. The CIA and the World of Arts and Letters*. New York: New Press 1999, S. 252–278.

Das deutschsprachige Sonett im Expressionismus

Hans Peter Buohler

„Form und Riegel mußten erst zerspringen“[1], konstatierte Ernst Stadler 1914, in dem Jahr, in dem Franz Marc sein abstraktes Gemälde *Zerbrochene Formen* schuf, dessen Titel rückblickend von der Expressionismusforschung geradezu zu einem Signum der Epoche stilisiert wurde.[2] Dieses Schlagwort schien einen markanten Wesenszug der expressionistischen Dichtung zu beschreiben, zu deren Kennzeichen die „Zerstörung eingespielter sprachlicher und ästhetischer Normen“[3] sowie die „Sprengung der herkömmlichen ästhetischen Formen“[4] zählte.

Gleichwohl ist die These, das zweite Jahrzehnt des 20. Jahrhunderts markiere in ästhetischer wie formaler Sicht einen Neubeginn, zu differenzieren und folglich das Verhältnis des Expressionismus als wohl wichtigster Avantgarde der Klassischen Moderne zu formalen Traditionen noch genauer zu bestimmen. Als paradigmatischer Untersuchungsgegenstand eignet sich die bereits für das expressionistische Selbstverständnis wichtige Lyrik, die „zwischen 1910 und 1920 herrscht“[5]. Ästhetische Innovationen wie Traditionen lassen sich besonders präzise an literarischen Kleinformen belegen: So zwingt die quantitative Beschränkung zur Prägnanz, während bei einer etablierten Form zugleich die Abweichungen umso deutlicher hervortreten. Am eindrücklichsten spiegelt sich die Ambivalenz zwischen

1 Ernst Stadler: Form ist Wollust. In: Ders.: *Der Aufbruch. Gedichte.* Leipzig: Verlag der Weissen Bücher 1914, S. 30; wieder in ders.: *Dichtungen, Schriften, Briefe*, hrsg. v. Klaus Hurlebusch / Karl Ludwig Schneider. München: Beck 1983, S. 138, 645 (Kommentar).

2 Franz Marc: *Zerbrochene Formen.* Öl auf Leinwand, 111,8 x 84,4 cm. Solomon R. Guggenheim Museum, New York (50.1240). – Karl Ludwig Schneider: *Zerbrochene Formen. Wort und Bild im Expressionismus.* Hamburg: Hoffmann & Campe 1967.

3 Ralf Georg Bogner: Expressionismus. In: *Metzler Literatur Lexikon. Begriffe und Definitionen*, hrsg. von Dieter Burdorf / Christoph Fasbender / Burckhard Moennighoff. 3., völlig neu bearb. Aufl. Stuttgart / Weimar: Metzler 2007, S. 222–224, hier S. 223.

4 Gero von Wilpert: Expressionismus. In: Ders.: *Sachwörterbuch der Literatur.* Stuttgart: Kröner 2001, S. 251–253, hier S. 251.

5 Albert Soergel: *Dichtung und Dichter der Zeit. Eine Schilderung der deutschen Literatur der letzten Jahrzehnte. N. F.: Im Banne des Expressionismus.* Leipzig: Voigtländer 1925, S. 400.

Formerfüllung und -transgression innerhalb der Lyrik wiederum in den zahlreichen Sonettdichtungen, da eine gewisse Paradoxie darin liegt, „daß eine literarische Generation, die für ihre Neigung zum Zerschlagen der Formen bekannt ist, gerade diese besonders straff organisierte Gedichtform kultiviert“[6].

So tritt vor dem Hintergrund der bereits in expressionistischer Zeit nahezu sieben Jahrhunderte währenden Geschichte der Gedichtform[7] deren literarisch-produktive Rezeption markant in Erscheinung: Die lebendige *imitatio* der Sonettform zeigt eindrücklich, dass es sich „beim Sonett um eine zentrale Tradition der nachantiken Lyrikgeschichte“[8] handelt und dass die Auffassung vom Expressionismus als Epoche der „zerbrochenen Formen“ zu korrigieren ist.[9] Doch obgleich vielfach konstatiert wurde, dass die „Vers-, Strophen- und Reimformen dieser Lyrik [...] von bemerkenswerter Einfachheit und Traditionalität“ seien und insbesondere „die schon von der Lyrik um 1900 häufig aufgegriffene Form des Sonetts“[10] beliebt bleibe, und zuletzt sogar die Epoche des Expressionismus als dritter Höhepunkt deutscher Sonettistik nach dem Barock und der Romantik deklariert wurde,[11] sind diese Feststellungen bislang weder quantitativ noch qualitativ validiert worden.[12]

Unstrittig ist indes, dass das expressionistische Jahrzehnt eine Tendenz zur künstlerischen Zirkel- und Zentrenbildung kennzeichnet. Markant treten etwa in der Literatur die Berliner Kreise um Franz

6 Peter Sprengel: *Geschichte der deutschsprachigen Literatur 1900–1918. Von der Jahrhundertwende bis zum Ende des Ersten Weltkriegs* (Geschichte der deutschen Literatur von den Anfängen bis zur Gegenwart 9,2). München: Beck 2004, S. 604.

7 Vgl. Thomas Borgstedt: *Topik des Sonetts. Gattungstheorie und Gattungsgeschichte.* Tübingen: Niemeyer 2009.

8 Thomas Borgstedt: Die Zahl im Sonett als Voraussetzung seiner Transmedialität. In: Erika Greber / Evi Zemanek (Hrsg.): *Sonett-Künste. Mediale Transformationen einer klassischen Gattung.* Dozwil: Edition Signathur 2012, S. 41–59, hier S. 41.

9 Vgl. bereits Heinz Mitlacher: *Moderne Sonettgestaltung.* Borna / Leipzig: Noske 1932, S. 19: „Im allgemeinen pflegt man Expressionismus stillschweigend mit Formzertrümmerung gleichzusetzen. Aber die Formzertrümmerung ist nur das letzte Extrem des Expressionismus [...], kein urtümlicher, für ihn ganz-wesenhafter Charakterzug“.

10 Thomas Anz: *Literatur des Expressionismus.* Stuttgart: Metzler 2002, S. 179.

11 Andreas Wittbrodt: Sonett. In: *Handbuch der literarischen Gattungen*, hrsg. v. Dieter Lamping, in Zusammenarbeit mit Sandra Poppe et al. Stuttgart: Kröner 2009, S. 688–696.

12 Zu diesem Desiderat vgl. Hans Peter Buohler: *Tradition und Avantgarde. Das Sonett im Expressionismus*, unveröffentlichtes Manuskript.

Pfemfert, Herwarth Walden oder Alfred Richard Meyer in Erscheinung, doch lassen sich ähnliche Gruppenbildungen auch an anderen (bisweilen peripheren) Orten beobachten. Zeitschriften wie *Die Aktion* und *Der Sturm* boten den neuen Autoren ebenso die Möglichkeit zu Veröffentlichungen wie eine Vielzahl kurzlebigerer Projekte oder die Reihe der *Lyrischen Flugblätter*. An der nicht zuletzt quantitativ eindrucksvollen, wenngleich impliziten Verbreitung des Sonetts hatten indes alle Publikationsorgane gleichermaßen Anteil.

*

Besonders augenfällig ist dies in der *Aktion*: Bereits die erste Nummer enthielt mit Ernst Blass' *Jungfrau* („Jongleure setzen ihre Köpfe ab …") ein Sonett und allein von 1911 bis 1919 wurden weitere 184 Sonette von insgesamt 66 Autorinnen und Autoren veröffentlicht. Nahm die Anzahl der publizierten Sonette bis 1913 stets zu (1911: 20, 1912: 34, 1913: 50), ging mit dem Ausbruch des Ersten Weltkriegs die sonettistische Produktion zurück und nahm bis zum Ende des Jahrzehnts deutlich ab (1914: 22, 1915: 23, 1916: 18, 1917: 20, 1918: 5, 1919: 3). Den quantitativ größten Beitrag stellte hier mit 34 Sonetten Paul Boldt, gefolgt von Paul Mayer (15), Max Herrmann-Neisse (9) sowie Georg Heym und dem expressionistischen ‚Sonderfall' Theodor Däubler (jeweils 8).

Gleichwohl kam der *Aktion* im Blick auf die expressionistische Diffusion des Sonetts keine singuläre Stellung zu, wie weitere Zeitschriften, Anthologien, Almanache und Jahrbücher, aber auch eigenständige Veröffentlichungen eindrucksvoll belegen. So bestand rund ein Fünftel der von Kurt Hiller herausgegebenen ersten frühexpressionistischen Lyrikanthologie *Der Kondor* aus Sonetten; unter ihnen befand sich etwa das *Berlin*-Gedicht Georg Heyms das den Beginn seiner literarischen Laufbahn zuvörderst geprägt hatte:[13]

13 Heym hatte im April 1910 Wilhelm Simon Guttmann, dem Gründer der *Neuen Bühne*, einen Besuch abgestattet und ihm dabei eigene Gedichte vorgetragen. Guttmann war von dem Sonett *Berlin 1* (später u. d. T. *Berlin 2*) so begeistert, dass er den Autor in den frühexpressionistischen Neuen Club einführte und ihm somit half, seine literarische Laufbahn zu beginnen. Vgl. zum Neuen Club u. a. Richard Sheppard (Hrsg.): *Die Schriften des Neuen Clubs*. 2 Bde. Hildesheim: Gerstenberg 1980–1983.

Beteerte Fässer rollten von den Schwellen
Der dunklen Speicher auf die hohen Kähne.
Die Schlepper zogen an. Des Rauches Mähne
Hing rußig nieder auf die öligen Wellen.

Zwei Dampfer kamen mit Musikkapellen.
Den Schornstein kappten sie am Brückenbogen.
Rauch, Ruß, Gestank lag auf den schmutzigen Wogen
Der Gerbereien mit den braunen Fellen.

In allen Brücken, drunter uns die Zille
Hindurchgebracht, ertönten die Signale
Gleichwie in Trommeln wachsend in der Stille.

Wir ließen los und trieben im Kanale
An Gärten langsam hin. In dem Idylle
Sahn wir der Riesenschlote Nachtfanale.[14]

Auch in seinen weiteren Werken setzte sich Heym in besonderem Maße mit dem Sonett auseinander, und so versammelt die erste, von Karl Ludwig Schneider besorgte Gesamtausgabe exklusive der Doppelfassungen nicht weniger als 104 Sonette. Beinahe jedes fünfte Gedicht in Heyms Werk ist ein Vierzehnzeiler.[15]
Mit dem vielfach kanonisierten *Schönen strahlenden Menschen* („Die Freunde, die mit mir sich unterhalten …“) von Franz Werfel enthält der *Kondor* überdies ein Gedicht, das u.a. auch Eingang in die *Menschheitsdämmerung* fand und damit in eine Anthologie, die das Bild des Expressionismus in besonderer Weise bestimmte.[16] Vergleicht

14 Georg Heym: *Dichtungen und Schriften,* hrsg. von Karl Ludwig Schneider. Bd. 1: Lyrik. Hamburg / München: Ellermann / Beck 1964, S. 58. Von der auf sechs Bände angelegten Gesamtausgabe erschienen in den Jahren 1964 bis 1968 indes nur vier Bände.

15 Heym: *Dichtungen und Schriften.* Im Blick auf *Der ewige Tag* (Leipzig: Rowohlt 1911) und *Umbra Vitae* (Leipzig: Rowohlt 1912) kommt Jürgen Ziegler zu einer ähnlichen Einschätzung: „Die feste Gedichtform des Sonetts verwendet Heym verhältnismäßig oft“ (Jürgen Ziegler: *Form und Subjektivität. Zur Gedichtstruktur im frühen Expressionismus.* Bonn: Bouvier 1972, S. 34), doch mindert die Beschränkung auf die beiden Gedichtbände die Aussagekraft seiner Studie ebenso wie etwa die Feststellung, mit der er simplifizierend konstatiert: „Die Sonettform ist strukturell vom jambischen Vierzeiler nicht zu trennen. Ein Blick auf die Statistiken lehrt, daß das Sonett in der späten Phase des Heymschen Schaffens keine entscheidende Rolle mehr spielt“ (ebd., S. 73, Anm. 91).

16 Vgl. hierzu zuletzt Sandra Beck: Anthologisierung, Kanonisierung, Epochenkonstruktion. Überlegungen zur Wirkmacht von Kurt Pinthus' „Menschheitsdämmerung. Symphonie jüngster Dichtung“ (1919) auf das Bild von der expressionistischen Lyrik. In: *Hugo-Ball-Almanach. Studien und Texte zu Dada* 5 (2014), S. 77–104.

man den frühexpressionistischen *Kondor* mit dieser *Symphonie jüngster Dichtung* am Ausgang des expressionistischen Jahrzehnts, so fällt auf, dass – ähnlich wie in den Jahrgängen der *Aktion* – die relative wie absolute Anzahl der Sonette abnimmt. Die Hälfte der Sonette, die Kurt Pinthus in seine Sammlung aufnahm, entstammt der Feder eines einzigen Autors: Paul Zechs, des quantitativ bei weitem produktivsten Sonettisten des expressionistischen Jahrzehnts.

Zech, der seinen biografischen Werdegang beliebig variierte und verfälschte, veröffentlichte Anfang des Jahres 1913 als Nr. 28 der *Lyrischen Flugblätter* den Gedichtband *Das schwarze Revier*, zu dem Ludwig Meidner die Titelzeichnung beigesteuert hatte und der mit Ausnahme des letzten Gedichts ausschließlich Sonette enthielt.[17] Mit der *Eisernen Brücke* (58 Sonette), dem *Feurigen Busch* (30), dem *Terzett der Sterne* (36) und *Golgatha* (43) folgten weitere Gedichtbände Zechs, die auch in formaler Sicht die Verwendung des Sonetts ausloten;[18] überblickt man Zechs poetisches Schaffen insgesamt, so finden sich in seinen veröffentlichten Gedichtbänden der Jahre 1910 bis 1925 sowie in den Teilnachlässen im Deutschen Literaturarchiv Marbach sowie in der Berliner Akademie der Künste mehr als 530 Sonette – Übertragungen und Nachdichtungen nicht berücksichtigt.

Angesichts dieser erstaunlichen Produktivität verwundert es nicht, dass Zech mit 32 Gedichten mehr als die Hälfte der im *Sturm* erschienenen Sonette verfasst hat; sein Debüt gab er mit dem *Sommerabend im Park*:

Nun geht der Wind wie ein vergnügter Junge
Durch das vertiefte ruhende Rondell
Und horcht, und wirft bald stockend und bald schnell
Das schlanke Gras empor in schönem Schwunge.

Und Fackelglut steigt breit von den Altanen,
Wogt und verschwistert sich in vagem Sinn
Mit Ruß und Rauch und wird zur Tänzerin.
Und Frauen, die verliebte Feste planen,

17 Paul Zech: *Das schwarze Revier.* Berlin-Wilmersdorf: A.R. Meyer [1913] (neue, gänzlich umgestaltete Ausgabe München: Musarion 1922).

18 Paul Zech: *Die eiserne Brücke. Neue Gedichte.* Leipzig: Verlag der Weissen Bücher 1914 (Repr. Nendeln: Kraus-Reprint 1973); *Der feurige Busch. Neue Gedichte (1912–1917).* München: Musarion 1919; *Das Terzett der Sterne. Ein Bekenntnis in drei Stationen.* München: Wolff 1920; *Golgatha. Eine Beschwörung zwischen zwei Feuern.* Hamburg / Berlin: Hoffmann & Campe 1920.

Kreisen die dunklen Gänge ein und wallen
Mit praller Brust, als müßten sie gerührt
Der wachen Kühle in die Arme fallen. –

Und immer weher winken Bank und Lauben;
Bis durch die tropfenden Akazientrauben
Mit blöder Wucht der gelbe Vollmond friert.[19]

Hierin offenbart sich zugleich ein Unterschied zur *Aktion*, denn mit insgesamt lediglich 60 Sonetten von zwölf Autoren lancierte der *Sturm* die Verbreitung der Sonettform längst nicht in demselben Umfang. Doch während die *Aktion* nach 1919 überhaupt keine Sonette mehr veröffentlichte, ebnete der *Sturm* etwa mit der Publikation von sechs Sonetten des 1892 geborenen Anton Schnack noch einer Generation von spätexpressionistischen Dichtern den Weg. Der jüngere Bruder Friedrich Schnacks sollte in den Jahren 1919/20 gleich mit vier Gedichtbänden reüssieren, wobei er in der bei Rowohlt erschienenen Sammlung *Tier rang gewaltig mit Tier* nicht nur seine Kriegserlebnisse verarbeitete, sondern in den 60 Gedichten auch zu einem eigenständigen, langzeiligen Sonetttypus fand, der als formaler Sonderfall das Gedicht bis an den Rand einer Auflösung in Prosa führt, wie etwa die beiden Quartette des Sonetts *Schlaf in Ivoiry* paradigmatisch verdeutlichen:[20]

Unten der Rauch der Herde, blau, beißend; der Gesang westfälischer Männer, immer im Abend, schwerfällig, dunkel, zerbrochen;
Ohne Weib die Nacht, aber voller Träume nach ihm, aufregend, schwül, dazwischen der Pfiff der Ratten,
Scharf und scheu. Im Westen Donner, langgezogen, scheußlich, rollend. Lichter schweben selig empor, blenden, erleuchten die Landschaft, plötzlich entstehen Schatten.
Ich verfluche mich, meine Jugend, aufgebaut in Roheit, Bitternis, ich betrachte mich: voll Aussatz die Brust, zerstochen
Vom Ungeziefer der Quartiere, voll Schmutz und Überschattung, voll Schmach und Schwermut, Schmerzen und Beingeschwüren,
Voll Wahnsinn das Hirn, die Schenkel voll Dreck und Fett. Wer würde mich hinaus in Süßigkeit, in Gärten gelb von Rosen, in heitere Gelände führen
Zu hoch gestirnten Götterbildern, zu weißen Treppen, zu einer Tänzerin, in eine Landschaft, grünlich, violett,

19 Paul Zech: Sommerabend im Park. In: *Der Sturm* 1,27 (1910/11), S. 215.

20 Anton Schnack: *Strophen der Gier*. Dresden: Dresdner Verlag von 1917 1919; *Der Abenteurer*. Darmstadt: Die Dachstube 1919; *Die tausend Gelächter. Gedichte*. Hannover: Steegemann 1919; *Tier rang gewaltig mit Tier. Gedichte*. Berlin: Rowohlt 1920.

> Zu Schmausereien, Weingelagen, zu nächtlichen Konzerten, zu einem Weibe, fürstlich schön, entzückend, überaus kokett? […][21]

Von dieser formalen Weiterentwicklung des Sonetts durch Schnack zeugen überdies seine acht Beiträge für die Anthologie *Junge Mannschaft*, die – obgleich sie sich ebenfalls als *Eine Symphonie jüngster Dichtung* ausgab – nicht die Popularität der *Menschheitsdämmerung* erreichte.[22]

Einen gänzlich anderen Weg, die traditionelle Form des Sonetts der Moderne anzunähern, schlägt Georg Trakl ein, der sich mit dem Sonett insgesamt nicht allzu häufig, doch kontinuierlich befasst. Hiervon zeugen bereits seine Beiträge für den *Brenner*, der insgesamt 69 Sonette von 17 Autoren veröffentlichte: Zwar entwickeln bereits *Dämmerung* („Im Hof, verhext von milchigem Dämmerschein …"), *Ein Herbstabend* („Das braune Dorf. Ein Dunkles zeigt im Schreiten …") und *Afra* („Ein Kind mit braunem Haar. Gebet und Amen …") frühere sonettistische Versuche – darunter *Herbst/Verfall* („Am Abend, wenn die Glocken Frieden läuten …") – konsequent weiter, behalten jedoch trotz metrischer Vielfalt das fügende Element des Endreims bei. Mit *Föhn* verfasst Trakl sodann ein Gedicht, das trotz seiner Reimlosigkeit formvollendet die Form des Sonetts umspielt:[23]

> Blinde Klage im Wind, mondene Wintertage,
> Kindheit, leise verhallen die Schritte an schwarzer Hecke,
> Langes Abendgeläut.
> Leise kommt die weiße Nacht gezogen,
>
> Verwandelt in purpurne Träume Schmerz und Plage
> Des steinigen Lebens,
> Daß nimmer der dornige Stachel ablasse vom verwesenden Leib.
>
> Tief im Schlummer aufseufzt die bange Seele,

21 Anton Schnack: *Werke in zwei Bänden*, hrsg. v. Hartmut Vollmer. Bd. 1: Lyrik. Berlin: Elfenbein 2003, S. 56–57.

22 Martin Rockenbach (Hrsg.): *Junge Mannschaft. Eine Symphonie jüngster Dichtung.* Leipzig / Köln: Kuner 1924. Darin enthalten sind insgesamt 25 Sonette von neun Autoren.

23 Hierauf verwies bereits Klaus Weissenberger in einem zu wenig beachteten Aufsatz: Das Durchbrechen des traditionellen Modellbezugs, dargestellt an Georg Trakls Sonetten. In: Joseph P. Strelka (Hrsg.): *Internationales Georg-Trakl-Symposium Albany, N. Y.* Bern: Lang 1984, S. 187–196. Vgl. ferner Aigi Heero: Weg zum Sonett. Georg Trakls Sonette als Beispiel einer Stilentwicklung. In: *Triangulum* 10 (2003/04), S. 100–111.

Tief der Wind in zerbrochenen Bäumen,
Und es schwankt die Klagegestalt
Der Mutter durch den einsamen Wald

Dieser schweigenden Trauer; Nächte,
Erfüllt von Tränen, feurigen Engeln.
Silbern zerschellt an kahler Mauer ein kindlich Gerippe.[24]

Während Trakl als poetischer Solitär gelten kann, kam es zwischen den Künstlerkreisen, -gruppen und -zirkeln bisweilen zu personellen Überschneidungen. So erschienen in den *Weissen Blättern* insbesondere unter der Herausgeberschaft René Schickeles weitere 45 Sonette von 22 Autoren, unter denen sich Paul Zech ebenso wiederfand wie Theodor Däubler, Max Herrmann-Neisse oder Anton Schnack.[25] Mit Johannes R. Bechers *Sterbendem Soldaten* („Nicht enden sie im Schwalle von Musiken …") druckte die Zeitschrift das Gedicht eines weiteren äußerst produktiven Sonettisten, der allein in seine fünf Gedichtbände der Kriegsjahre 1914 bis 1919 nicht weniger als 83 Sonette aufnahm.[26] Zugleich stärkten die *Weissen Blätter* hiermit ihr pazifistisches Profil ebenso wie mit den vier Sonetten Ernst Tollers (*Spaziergang der Sträflinge*, *Entlassene Sträflinge*, *Fabrikschornsteine am Vormorgen* und *Lied der Einsamkeit*), die der Autor später in seinen 22-teiligen Sonettzyklus *Gedichte der Gefangenen* aufnahm und „den namenlosen Toten deutscher Revolution"[27] widmete.

24 Georg Trakl: *Dichtungen und Briefe*, hrsg. v. Walther Killy / Hans Szklenar, Bd. 1. 2., ergänzte Aufl. Salzburg: Otto Müller 1987 [[1]1969], S. 121; wieder in Georg Trakl: *Sämtliche Werke und Briefwechsel*. Innsbrucker Ausgabe, hrsg. v. Eberhard Sauermann / Hermann Zwerschina. Bd. IV.1: Dichtungen Winter 1913/1914 bis Herbst 1914. Frankfurt am Main / Basel: Stroemfeld / Roter Stern 2000, S. 125–136.

25 Ähnlich fällt der Befund im Blick auf *Das Neue Pathos* aus, in dem ebenfalls 45 Sonette abgedruckt sind und Max Herrmann-Neisse, René Schickele, Ernst Blass oder Franz Werfel zu den Beiträgern zählen. Quantitativ dominieren im *Neuen Pathos* jedoch Sonette des früh verstorbenen Mitherausgebers Hans Ehrenbaum-Degele, den eine Freundschaft mit Paul Zech verband, der sich – ebenfalls einer der Herausgeber der Zeitschrift – sodann um das lyrische Œuvre Ehrenbaum-Degeles verdient machte; vgl. Hans Ehrenbaum-Degele: *Gedichte*. Geleitwort von Paul Zech. Leipzig: Insel 1917 [recte 1919] (Repr. Nendeln: Kraus-Reprint 1973).

26 Johannes R. Becher: *Verfall und Triumph*. Berlin: Hyperion 1914 (Repr. Nendeln: Kraus-Reprint 1973); *Verbrüderung. Gedichte*. Leipzig: Wolff 1916; *An Europa. Neue Gedichte*. Leipzig: Wolff 1916 (Repr. Nendeln: Kraus-Reprint 1973); *Päan gegen die Zeit. Gedichte*. Leipzig: Wolff 1918; *Gedichte für ein Volk*. Leipzig: Insel 1919 (Repr. Nendeln: Kraus-Reprint 1973).

27 Ernst Toller: *Gedichte der Gefangenen. Ein Sonettenkreis*. München: Wolff 1921, S. [5].

Im selben Jahr, in dem Tollers Bändchen erschien, wurden die *Weissen Blätter* eingestellt, die einstigen Wochenschriften *Sturm* und *Aktion* erschienen von Jahr zu Jahr seltener und schließlich 1932 zum letzten Mal. Gleichwohl zeugt von der im Spätexpressionismus leicht eingetrübten, jedoch ungebrochenen poetischen Strahlkraft des Sonetts etwa das Œuvre Walter Rheiners, der in seinen Gedichtbänden bis zu seinem frühen Tod 1925 nicht weniger als 85 Sonette versammelte.[28] Trotz der unterschiedlichen Schwerpunkte der einzelnen Zeitschriften belegen die vielfältigen sonettistischen Erscheinungs- und Ausdrucksformen im ‚expressionistischen Jahrzehnt' gleichwohl eindrucksvoll, wie die „Sonettenwut" ein weiteres Mal „grassiert": Eine „Sonettensteuer", wie sie einst Heine mokant gefordert hatte, wurde jedoch auch hier nicht erhoben.[29]

28 Walter Rheiner: *Das schmerzliche Meer. Frühe und neue Gedichte.* Dresden: Dresdner Verlag von 1917 1918; *Insel der Seligen. Ein Abendlied.* Dresden: Dresdner Verlag von 1917 1918; *Das tönende Herz. Gedicht.* Dresden: Stiemer 1918 [zweite verbesserte und vermehrte Auflage Dresden: Dresdner Verlag von 1917 1919]; *Der bunte Tag. Erste Gedichte, Gedicht-Fragmente, Prosa-Versuche, Skizzen, Novellistische Fragmente.* Dresden: Dresdner Verlag von 1917 1919.

29 Heinrich Heine: *Werke und Briefe in zehn Bänden*, hrsg. v. Hans Kaufmann. Bd. 7. Berlin / Weimar: Aufbau ²1972, S. 374.

Künstlerkreise um Zeitschriftenprojekte

Entlegenste Geistesprovinzen

Die Kieler Zeitschrift *Die schöne Rarität* als Phänomen des Spätexpressionismus

Jan Behrs

Wer innerhalb einer unübersichtlichen „Bewegung" wie dem Expressionismus nach spezialisierten Kreisen, Gruppen, Zirkeln o. dgl. sucht, landet schnell bei Zeitschriften – wohl schon deswegen, weil sich eine Zeitschrift ihrem Publikum und damit auch dem heutigen Forscher oder der heutigen Forscherin notwendigerweise als geschlossenes, von benachbarten Produkten klar abzugrenzendes Text- und Bildkorpus präsentiert. Dafür sorgt schon der Markt, nicht nur im Sinne eines kapitalistischen Zwangs zur Verwert- und Verkaufbarkeit des Geschaffenen, sondern auch im umfassenderen Sinne Pierre Bourdieus: Bei der Konkurrenz um symbolisches Kapital und um Marktanteile in der Ökonomie der Aufmerksamkeit dürfte es für Zeitschriftenmacher in jedem Fall geboten sein, das eigene Produkt (und den dahinterstehenden „Kreis") als distinkt und unverwechselbar zu präsentieren, was wiederum der wissenschaftlichen Rekonstruktion entgegenkommt, die ebenfalls Distinktes und Unverwechselbares braucht, um akademischen Relevanzkriterien Genüge zu tun. Zeitschriften zerteilen also durch intentionale Editionshandlungen einen größeren Untersuchungsgegenstand in Portionen, die genau die richtige Größe zwischen umfassender, aber undifferenzierter Vogelperspektive und kleinteiliger, aber vielleicht zu wenig Abstraktionsleistung versprechender Orientierung an Einzelperson und -werk haben. Wenn dazu noch ein – im Fall des Expressionismus niemals angezweifeltes – Wissen von der Bedeutung von Zeitschriften für die Generierung des Untersuchungsgegenstands kommt, steht der Nutzung der Untersuchungsschablone „Zeitschrift" endgültig nichts mehr im Wege – sie wird und wurde in der Expressionismusforschung dementsprechend häufig und mit gutem Erfolg genutzt.

Dennoch sind eine gewisse Vorsicht und eine gewisse Bereitschaft zur Differenzierung von Vorteil, wenn man Zeitschriften als Begrenzungslinien künstlerischer Kreise verwenden will. Ein gutes Kriterium, dazu geeignete Zeitschriften von weniger geeigneten zu unterscheiden, wäre das Vorhandensein einer eigenen Explikation der Kreisregeln, also einer programmatischen Definition dessen, was die jeweilige Zeitschrift vorhat. Aufgrund der Tatsache, dass die Expressionisten bekanntlich das Manifest vom Kunstkommentar zur eigenen Kunstform erhoben und wie keine andere Gruppe vor ihnen um eine selbstreflexive Einbettung ihres Schaffens bemüht waren, überrascht es nicht, dass viele expressionistische Zeitschriften genau eine solche Explikation vorlegen. Diese müssen dabei nicht lang und philosophisch sein, um als Programm durchzugehen: Dem *Sturm* reichen neun Zeilen, um einen Antagonismus zwischen der eigenen Position und der der „Vielzuvielen" zu begründen.[1] In signifikant abweichender Metaphorik verkündet die *Aktion* ihre Absicht, „eine Tribüne" zu sein, „von der aus jede Persönlichkeit, die Sagenswertes zu sagen hat, ungehindert sprechen kann."[2] Auch die angebliche Abwesenheit einer expliziten Positionsbestimmung kann (und soll) natürlich als Positionsbestimmung gelesen werden: „Der ‚Wiecker Bote' hat kein Programm. Das ist sein Programm."[3]

In der *Schönen Rarität*, der von 1917 bis 1919 erschienenen expressionistischen Zeitschrift aus Kiel, um die es im Folgenden gehen soll, fehlt ein solcher manifesthafter Text – zumindest auf den ersten Blick. Schaut man genauer hin, übernimmt das Gedicht *Phantasus* von Gerhard Ausleger im ersten Heft durchaus diese programmatische Funktion: Die Person des Autors, der als einer der beiden geistigen Väter der *Schönen Rarität* gelten kann,[4] die enge Beziehung des Gedichts zum Titelbild des Hefts sowie das Aufgreifen des titelgebenden Begriffs „Rarität" im Gedicht legen dies jedenfalls nahe. Ist aus dem *Phantasus* also etwas über die Kreisregeln des Kieler Expressionismus zu entnehmen? Das lyrische Ich, ein „Raritätenmann",[5] inszeniert in der Tat ein Modell künstlerischen Schaffens, und zwar eines, das Innovation aus der Kombination von Überliefertem erzeugt:

1 Die Schriftleitung der Wochenschrift „Der Sturm": Zwei Worte. In: *Der Sturm* 1,1 (1910), S. 1.

2 [Franz Pfemfert]: Note. In: *Die Aktion* 1,1 (1911), Sp. 24.

3 [Oskar Kanehl]: Zum Geleit. In: *Wiecker Bote* 1,1 (1913), S. 1.

4 Zu Ausleger vgl. Peter Ludewig: Gerhard Ausleger und „Die Schöne Rarität". In: Knut Nievers / Bärbel Manitz (Hrsg.): *Kunstwende. Der Kieler Impuls des Expressionismus 1915–1922.* Ausstellungskatalog Stadtgalerie Kiel. Neumünster: Wachholtz 1992, S. 15–24.

5 So der Name des Titelbilds des ersten Heftes von Georg Tappert.

> […] Ich will drüben, aus der Raritätenkiste reingefügten Dingen,
> klares Glas und klare Würfel zueinanderschichten,
> klare Kanten und verwegene Farben weise zueinanderrichten
> und mir meine eigne Stadt am Uferrand zusammenbauen.[6]

Die schöpferische Autorität eines solchen Sammlers von Raritäten wird durch den kompilatorischen Charakter seines Unternehmens nicht eingeschränkt – „ich halte wie ein großer Gott meine Hände über diesen tausend Dingen"[7] –, und am Ende entsteht gerade durch die Aneinanderreihung zahlreicher scheinbar unverbundener Objekte aus dem „buntbeklebten Raritätenkasten"[8] etwas emphatisch Schlichtes und Neues:

> vielleicht, daß dann zur Nacht, wenn ihr die runden Rohre gen die Firmamente
> streckt,
> ein Himmeldeuter einen neuen weißen Stern entdeckt.[9]

Dieses Konstruktionsprinzip lässt sich auf die Struktur der Zeitschrift insgesamt übertragen: Nimmt man sie als „Raritätenkasten" ernst (und versteht ihre eigentümliche Titelgebung nicht rein negativ als Maßnahme zur Umgehung der Zensur[10]), so überrascht es nicht, im ersten Heft neben Texten der Kieler Expressionisten auch Fragmente von Novalis, ein Gedicht von J. M. R. Lenz und einen Auszug aus den Schriften Heinrich Seuses zu finden. Berücksichtigt man zusätzlich weitere „historische" Beiträge aus den folgenden Heften, wird das eklektische Vorgehen der Blattmacher deutlich: Raritäten werden nicht aufgrund eines Programms zu solchen, sondern ausschließlich aufgrund ihrer Seltenheit. Die Direktheit, mit der dieser Eklektizismus in den ersten Heften[11] der Zeitschrift umgesetzt wird, hebt *Die schöne Rarität* über vergleichbare Projekte hinaus.

Diese Direktheit kommt nicht aus dem Nichts, sondern hat soziale Wurzeln, die ich (in dankbarer Anlehnung an eine vorbildliche

6 Gerhard Ausleger: Phantasus. In: *Die schöne Rarität* 1,1 (1917), S. 3, V. 10–13.

7 Ebd., V. 32.

8 Ebd., V. 6.

9 Ebd., V. 39–40.

10 So Paul Raabe: Der Kieler Impuls des Expressionismus. In: Nievers / Manitz (Hrsg.): *Kunstwende*, S. 5–14.

11 In den späteren Ausgaben der *Schönen Rarität* tritt der literarhistorische Charakter der Zeitschrift zugunsten einer konventionelleren Orientierung am „kanonischen" Expressionismus zurück.

Publikation zum Thema[12]) im Folgenden kurz beleuchten will. Gerhard Ausleger und sein Kompagnon Richard Blunck werden auf spezielle Weise zu Kieler Expressionisten: Kieler sind sie, weil sie an der dortigen Universität studieren, und Expressionisten sind sie, weil sie im Rahmen ihres Germanistikstudiums auf den Expressionismus aufmerksam gemacht wurden. Unter der Ägide ihres Professors, Eugen Wolff, finden in Kiel während der Kriegsjahre zahlreiche ‚literarische Abende' statt, an denen „(vielleicht etwas einseitig) die moderne Dichtung, die unmittelbare Gegenwart"[13] besprochen wird – außerhalb des Vorlesungs- und Seminarbetriebs, aber als dessen Fortsetzung. Der Übergang von der Rezeption zur Produktion neuer Literatur ist rasant: Im Sommersemester 1916 ist erstmals ein expressionistischer Dichter, Klabund, zu einer Lesung geladen (dessen Werk offenbar hinreichend unkontrovers ist, um im selben Jahr auch auf der Weihnachtsfeier des „Literarischen Abends" rezitiert zu werden[14]). Kurz darauf folgen Vorträge der Studenten über „Impressionismus Expr. Kubismus u. Futurismus"[15] (der Expressionismus ist also offenbar nicht nur als Begriff eingeführt und damit abkürzungsfähig, sondern auch bereits in eine Reihe von weiteren „Ismen" eingebunden), und wiederum kurz darauf ist die Trennung von Untersuchenden und Untersuchtem aufgehoben:

12 Gemeint ist der Katalog zur Ausstellung *Kunstwende* der Stadtgalerie Kiel, vgl. Anm. 4. Im jüngst abgeschlossenen, überaus beeindruckenden Oxforder Kompendium zum Thema „Zeitschriften der Moderne" sind Kiel und die *Schöne Rarität* mit einem ausgezeichneten Artikel vertreten, der überwiegend auf den Informationen aus diesem Ausstellungskatalog aufbaut (Timothy O. Benson: Kiel and Hamburg. Radical ‚Bildungsbürgertum'. In: Peter Brooker / Sascha Bru / Andrew Thacker / Christian Weikop (Hrsg.): The Oxford Critical and Cultural History of Modernist Magazines. Bd. III.2: Europe 1880–1940. Oxford: Oxford UP 2013, S. 905–924).

13 „Rückblick auf drei vergangene Kriegssemester" im Tagebuch „Der literarische Abend". Schleswig-Holsteinische Landesbibliothek, Nachlass Richard Blunck, Signatur Cb 104.01.

14 Programm der Weihnachtsfeier 1916 im Tagebuch „Der literarische Abend". Schleswig-Holsteinische Landesbibliothek, Nachlass Richard Blunck, Signatur Cb 104.01.

15 Protokoll der Sitzung vom 15.02.1917 im Tagebuch „Der literarische Abend". Schleswig-Holsteinische Landesbibliothek, Nachlass Richard Blunck, Signatur Cb 104.01.

> Zunächst erfreute Herr cand. phil. Ausleger uns unter anderem mit einem seiner letzten Gedichte „Phantasus" […]. Darauf nahm Herr cand. phil. Blunck das Wort und bot uns beides, Lyrik u. Prosa.[16]

Die studentischen Besucherinnen und Besucher des „literarischen Abends" erhalten auch das, was dem Zeitschriftenpublikum vorenthalten wird: Eine manifesthafte Explikation des Programms der *Schönen Rarität*, vorgetragen durch Richard Blunck. Diese ist darum bemüht, die übliche Engführung von Avantgarde und Innovation aufzuheben: Sonderlich neu ist der Expressionismus 1917 nicht mehr, und Blunck muss es darum gehen, den literaturgeschichtlich informierten Eklektizismus, den sein Blatt pflegt, programmatisch auszudeuten. Die Bewegung wird damit

> eine zeitlose Erscheinung, kein Novum von heute. Das Denken der Frühromantik, der Franziskuslegenden, des Sturm und Drang und den [sic] jungen Goethe, die Lyrik Hölderlins, der Roman Jean Pauls, Stendhals, Flauberts und vieles noch ist expressionistisch und gewinnt darum für uns ganz neue Wesentlichkeit.[17]

Dass der Expressionismus in Kiel zunächst als akademisches Untersuchungsobjekt ankommt, hat Folgen für die Ausrichtung der *Schönen Rarität*. Zur künstlerischen Produktion kommt hier eine Ebene der Rezeption, die die Frage nach dem hinter der Zeitschrift stehenden „Kreis" erschwert: Neben den im Blatt versammelten Produzenten, vor allem Kieler und Dresdner Künstler,[18] wäre ein akademisch sozialisierter Kreis von Literaturfachleuten auszumachen, der sich für Seuse, Dehmel und Hoffmannswaldau ebenso interessiert wie für Wolfenstein und Ehrenstein. Die Dialektik zwischen einem mit Nachdruck vorgetragenen Anspruch auf Innovation einerseits und

16 Protokoll der Sitzung vom 15.02.1917 im Tagebuch „Der literarische Abend". Schleswig-Holsteinische Landesbibliothek, Nachlass Richard Blunck, Signatur Cb 104.01. Siehe auch Raabe: Der Kieler Impuls, S. 10–11.

17 Richard Blunck: [Über Wesen und Ziel der ‚schönen Rarität']. Tagebuch „Der literarische Abend". Schleswig-Holsteinische Landesbibliothek, Nachlass Richard Blunck, Signatur Cb 104.01. Die Erben Richard Bluncks konnten nicht ermittelt werden. Sollten Rechteinhaber existieren, so bitte ich um Kontaktaufnahme über den Verlag.

18 Zu den Verbindungen zwischen Kieler und Dresdner Expressionisten vgl. die herausragende Studie von Frank Almai: *Expressionismus in Dresden. Zentrenbildung der literarischen Avantgarde zu Beginn des 20. Jahrhunderts in Deutschland.* Dresden: Thelem 2005, bes. S. 253–270.

der leidenschaftlichen, aber inhaltlich eher distanzierten Haltung des Sammlers von Raritäten andererseits spielt schon für die Anfänge des Expressionismus eine Rolle;[19] hier, in der Spätphase der Bewegung, wird sie zum Problem für eine Generation von Künstlern, die Neues schaffen will, sich dabei aber auf Altes beruft. Die Beiträger der *Schönen Rarität* müssen beispielsweise damit umgehen, dass das Buch des *Blauen Reiter*, das als „Grundstein der neuen Bewegung in den Künsten"[20] verstanden wird, zum Zeitpunkt der Rezension schon fünf Jahre alt und daher nicht mehr unmittelbar und direkt zu rezipieren ist. Der Rezensent Ausleger versucht beides, Nähe und Distanz, miteinander zu verbinden: „Seine Werte für uns, die jungen Mitstreitenden: historische. Für andere, die zur neuen Kunst kommen wollen: noch immer Tat und gütiges Manifest."[21] In ähnlicher Weise werden auch weitere bereits (literatur-)historische „Marksteine"[22] rezensiert, was es den Blattmachern ermöglicht, eine gleichzeitig emphatisch-beteiligte wie überlegen-unbeteiligte Position einzunehmen. Auch diese ist ein Produkt akademischer Sozialisation, da sich die Kieler schon vor der Zeitschriftengründung theoretisch mit für diese Gründung relevanten Fragen befassen:

> Herüberleitend von jenem ‚klassischen' Beispiel ‚der Romantik' und ihren Epigonen zum Naturalismus verstand es der Redner [Ausleger, J. B.], seine Zuhörer in die Gegenwart zu versetzen. […] Eine der modernen Hauptrichtungen unserer Literatur spiegelt sich in der Zeitschrift ‚Die Aktion' wieder.[23]

Zumindest die Teilnehmer des „literarischen Abends" vom 6. Dezember 1916 wissen also von der Bedeutung von Zeitschriften für die Gegenwartsliteratur,[24] und sie kennen auch die Gefahr der

19 Vgl. meine Ausführungen zum Verhältnis von Sammler und Künstler im Leipziger Frühexpressionismus in Jan Behrs: *Der Dichter und sein Denker. Wechselwirkungen zwischen Literatur und Literaturwissenschaft in Realismus und Expressionismus.* Stuttgart: Hirzel 2013, S. 167–181.

20 Gerhard Ausleger: Rez. „Der blaue Reiter". In: *Die schöne Rarität* 1,1 (1917), S. 19.

21 Ebd.

22 Gerhard Ausleger: Rez. „Reinhard Sorge: Der Bettler". In: *Die schöne Rarität* 1,5 (1917), S. 99.

23 Protokoll der Sitzung vom 06.12.1916 im Tagebuch „Der literarische Abend". Schleswig-Holsteinische Landesbibliothek, Nachlass Richard Blunck, Signatur Cb 104.01.

24 Am 26. Juni 1918 spricht Richard Blunck im „literarischen Abend" ein weiteres Mal zum Thema, nämlich über „den Begriff und den ethischen Sinn einer

Epigonalität – beides ist durchaus von Vorteil, wenn es um die Gründung eines eigenen Publikationsorgans geht.
Die abgeklärte Position der *Schönen Rarität* ist somit soziologisch herleitbar, und sie ist durchaus typisch für den Spätexpressionismus (und wahrscheinlich für alle Teilepochen der Literaturgeschichte, die mit „Spät-" beginnen). Die charakteristisch distanzierte Haltung wird auch von Zeitgenossen in Verbindung mit der akademischen Herkunft der Zeitschriftenmacher gebracht, etwa von Walter Rheiner: „Er [Ausleger, J. B.] steht vor seinem Doktor, hofft nachher die Sch. Rar. ganz in eigene Regie zu bringen und von allem Aktivismus zu säubern."[25]
Auch wenn die Literaturwissenschaft Gründungsgeschichten liebt, literaturwissenschaftliches Wissen in der Literatur nicht sonderlich schätzt und zudem ein Narrativ der Ausbreitung vom Zentrum in die Peripherie pflegt (was Kiel die etwas undankbare Position des Endpunkts einer solchen Ausbreitungsbewegung, „am Rande des Reiches"[26], einbringt), verdient es der von wissenschaftlicher Äquidistanz infizierte, unaktivistische Status der *Schönen Rarität* als Ausdruck einer genuin spätexpressionistischen Haltung ernstgenommen zu werden. Das Blatt teilt diese Haltung mit anderen Projekten, etwa der genauso kurzlebigen Zeitschrift *Genius* im Kurt-Wolff-Verlag, die ihr Programm ebenfalls im (Unter-)Titel führt: *Zeitschrift für werdende und alte Kunst.* Obwohl im Tonfall wesentlich solenner als die jungen Kieler Expressionisten, entwirft der *Genius*-Herausgeber Carl Georg Heise ein Programm, das dem der *Schönen Rarität* durchaus ähnlich sieht:

> Konzentration höchster Art aber ist nicht Beschränkung des Kenntnisgebiets, sondern Beschränkung auf wesentliche Werte, gesammelte Kraft, gespeist aus den tiefsten Quellen entlegenster Geistesprovinzen.[27]

Zeitschrift". Protokoll im Tagebuch „Der literarische Abend". Schleswig-Holsteinische Landesbibliothek, Nachlass Richard Blunck, Signatur Cb 104.01.

25 Brief von Walter Rheiner an Rudolf Adrian Dietrich, 12.01.1918. In: Walter Rheiner: *Kokain. Lyrik Prosa Briefe*, hrsg. v. Thomas Rietzschel. Leipzig: Reclam 1985, S. 235–238, hier S. 237.

26 Paul Raabe: Der Schriftsteller Richard Blunck. In: Nievers / Manitz (Hrsg.): *Kunstwende*, S. 33–38, hier S. 38.

27 Carl Georg Heise: Die Aufgabe. In: *Genius* 1,1 (1919), S. 1–2, hier S. 1.

„[M]it dem Herzen leidenschaftlich dem Neuen zugetan, aber ohne lähmende programmatische Formel“[28] wollen auch der Kunsthistoriker Heise und seine Mitstreiter bei der Überführung des Neuen in die Kunstgeschichte behilflich sein. Zwar ist das in der Zeitschrift versammelte Text- und Bildkorpus ganz überwiegend expressionistisch, aber die Grenze zwischen „werdender“ und „alter“ Kunst wird nicht mehr strikt gezogen. *Genius*, *Die schöne Rarität* und andere spätexpressionistische Publikationen mit sprechenden Namen wie *Die Bücherkiste* rütteln damit am eingangs vorgestellten Prinzip, dass hinter einer Zeitschrift automatisch ein Künstlerkreis steht: Einerseits, indem sie eigene Involviertheit mit wissenschaftlicher Distanz mischen, andererseits, indem ihre Zeitschriften nicht länger Plattformen emphatischer Zeitgenossenschaft, sondern Medien des Diachronen sind. Die Anreicherung der Zeitschrift mit Literaturgeschichte ist freilich kein dauerhaft tragfähiges Modell: Wenn Zeitschriften damit beginnen, zum Nutzen der an Überblick interessierten Leser andere expressionistische Zeitschriften zu katalogisieren und zu kategorisieren[29] und zugunsten der eigenen Äquidistanz darauf verzichten, ein Verlautbarungsorgan eines distinkten und idiosynkratischen Kreises zu sein, untergraben sie ihre eigene Existenzberechtigung. In den Worten des *Genius*-Herausgebers Heise: „Zeitschriften haben den Zenith ihrer Wirkungsmöglichkeit als Bahnbrecher neu heranreifender Werte […] überschritten“.[30] Heise reagiert darauf, indem er seine Zeitschrift einstellt und für den Umgang mit dem Expressionismus einen Medienwechsel vorschlägt:

> Für die Welt der vertiefter betrachtenden Kunstfreunde aber ist die notwendige Nahrung das Buch […]. Die eilige Bekehrung zu jeder neuen modischen Wendung des Intellekts ergibt keinen Maßstab – wichtig bleibt einzig, ob jeweils kritisch das Beste erkannt und mit dem Besten der Vergangenheit sinnvoll zu einem neuen Ganzen verknüpft wird.[31]

Die Kieler Expressionisten um die *Schöne Rarität* gehen zwei Jahre früher den umgekehrten Weg. Sie stellen ihre Zeitschrift ebenfalls ein, ersetzen sie jedoch nicht durch Fachbücher, sondern durch einen

28 Heise: Die Aufgabe, S. 1.
29 F[elix] St[iemer]: Die neue Zeitschrift. In: *Die Bücherkiste* 1,3 (1919), S. 36–38.
30 Carl Georg Heise: Zeitglosse und Beschluss. In: *Genius* 2,2 (1921), S. 355–356.
31 Ebd., S. 355.

Künstlerkreis im herkömmlichen, produktionsorientierten Sinne: die (hauptsächlich von bildenden Künstlern geprägte) *Expressionistische Arbeitsgemeinschaft Kiel.*[32] Erst nachdem diese ebenfalls ihre Aktivität eingestellt hat, kommt auch aus Kiel, von Richard Blunck, ein Fachbuch zum Thema, das den Übergang von Produktion zu Rezeption für endgültig abgeschlossen (und damit alle Kreise für obsolet) erklärt: „Expressionismus ist nichts Neues. Es gibt in der Kunst und im Geiste nichts Neues. Nur Ewiges."[33]

32 Vgl. den Beitrag von Bärbel Manitz: Die „Expressionistische Arbeitsgemeinschaft Kiel". Gründung, Programm und Tätigkeit. In: Nievers / Manitz (Hrsg.): *Kunstwende*, S. 77–94.

33 Richard Blunck: *Der Impuls des Expressionismus*. Hamburg: Harms 1921, S. 7.

Im Dienste der „Vorsehung“

Dynamiken der Gruppenbildung rund um die Kulturzeitschrift *Der Brenner* (1910–1954)

Markus Ender / Ingrid Fürhapter

Die 1910 von Ludwig von Ficker in Innsbruck, in der Peripherie der österreichisch-ungarischen k.u.k. Monarchie, gegründete Kultur- und Literaturzeitschrift *Der Brenner* muss – wie die gesamte kulturelle Arbeit seines Herausgebers – als ein Produkt vielfältiger, mitunter auch disparater, diskursiver Prozesse wahrgenommen werden.[1] Als Dispositiv solcher Prozesse kann der von Ficker unterhaltene, umfangreiche Briefwechsel – ein „umfassendes Netzwerk von Disziplinierung und Regulierung, von (Selbst-)Entwurf des Individuums und dessen Unterwerfung unter institutionelle Praktiken“[2] – gesehen werden; dieser wuchs über die Jahrzehnte bis zu Fickers Tod 1967 stetig an. Anhand der Korrespondenz lässt sich ableiten und nachzeichnen, wie die Korrespondenzpartner/innen ihre (Mit-)Arbeit am *Brenner* reflektierten.

Am Anfang war der *Brenner*-„Tisch“

Zu Beginn musste sich *Der Brenner* im Spannungsfeld zwischen habsburgertreuen konservativ-klerikalen und liberal-deutschnationalen Kräften (in Tirol) und avantgardistischem Aufbruch (in Berlin, München, Wien, Prag) positionieren. Die Gründung war ein sezessionistischer Akt einer kleinen Gruppe von ehemaligen Mitarbeitern der deutschnational und antiklerikal ausgerichteten Zeitschrift *Föhn* gewesen, als deren unmittelbares Nachfolge- und zugleich

1 Nach Michel Foucault werden solche Prozesse von Machtstrukturen determiniert, deren „Möglichkeitsbedingung[en] nicht in der ursprünglichen Existenz eines Mittelpunkts“ liegen, „sondern in dem bebenden Sockel der Kraftverhältnisse, die durch ihre Ungleichheit unablässig Machtzustände erzeugen“ (Michel Foucault: *Sexualität und Wahrheit 1: Der Wille zum Wissen*, aus d. Franz. v. Ulrich Raulff / Walter Seitter. Frankfurt am Main: Suhrkamp 1983, S. 114.

2 Hannelore Bublitz: *Foucaults Archäologie des kulturellen Unbewußten. Zum Wissensarchiv und Wissensbegehren moderner Gesellschaften*. Frankfurt am Main / New York: Campus 1999, S. 283.

Konkurrenzperiodikum die neue Zeitschrift fungieren sollte. Der *Brenner* verschrieb sich – ganz in der Tradition von Karl Kraus – auch dem Kampf gegen die „Journalistik“, die, so Ficker, „wie eine Läusekrankheit über die Literatur gekommen“[3] sei. Mehr oder weniger regelmäßiger Treffpunkt des lokal verankerten Grundstocks von Mitarbeitern war der so genannte *Brenner*-Tisch im Innsbrucker Café Maximilian, wo aktuelle Themen diskutiert und eingegangene Manuskripte besprochen wurden. Zu dieser locker verbundenen Runde gesellten sich, je nach ihrer Anwesenheit in Innsbruck, Autoren von auswärts – so z. B. Georg Trakl. Obwohl Ficker von Beginn an versuchte, Beiträge von außen zu akquirieren, publizierte er in seiner Zeitschrift in den ersten Jahren fast ausschließlich Tiroler Autoren, wobei er sich bewusst war, dass es als „Nachteil“ empfunden werden konnte, mit einem „ganz eng begrenzten Reservoir (von litterarischen Kräften)“ eine Zeitschrift anzufangen.[4]

Nichtsdestotrotz wurde der *Brenner*, der im Geleitwort der ersten Nummer das „Unterbringen von Menschentum“[5] als Ziel definiert hatte – eine vage Programmatik, die Interpretationen von verschiedenster Seite zuließ –, außerhalb Innsbrucks zunächst als ein offenes Forum wahrgenommen, das dem Vergleich mit Wiener und Berliner Zeitschriften durchaus standhielt. Spätestens seit Kraus 1913 den *Brenner* als „die einzige ehrliche Revue Österreichs“[6] bezeichnet und dieses Urteil auch auf Deutschland bezogen hatte, traten verstärkt Autoren und Autorinnen, die zu Kraus in einem nahen Verhältnis standen, an den *Brenner* heran, u. a. Peter Altenberg, Albert Ehrenstein, Salomo Friedlaender, Else Lasker-Schüler, Adolf Loos, Otto Stoessl. Zum Teil verkehrten diese bereits in den Kreisen um die Berliner Zeitschriften *Sturm* oder *Aktion*, in denen schon Rudolf Kurtz, Peter Scher, Paul Scheerbart und Isidor Quartner vor ihrer Mitarbeit am *Brenner* publiziert hatten. Zudem bestanden über Kraus auch

3 Brief von Ludwig von Ficker an Robert Michel, 12.10.1909. Forschungsinstitut Brenner-Archiv der Universität Innsbruck (im Folgenden mit BA abgekürzt), Sammlung Forschungsinstitut Brenner-Archiv alt.

4 Brief von Victor Fleischer an Ludwig von Ficker, 10.06.1910. BA, Nachlass Ludwig von Ficker, Sign. 12 / 12-1.

5 Anon.: Geleitwort. In: *Der Brenner* 1,1 (01.06.1910), S. 1.

6 *Die Fackel* 14,368/369 (05.02.1913), S. 32.

Verbindungen zum sogenannten Prager Kreis mit Otto Pick und den Brüdern Janowitz.

Die zum Teil nach außen hin wahrgenommene Offenheit des *Brenner*, aus der sich die heterogene Zusammensetzung der Mitarbeiter teilweise erklärt, erwies sich als ambivalent. Zwar propagierte die Zeitschrift in den ersten Jahren ein zeit- und kulturkritisches Grundprogramm, das Schlagworte damaliger Zeitströmungen wie die Konzeption des ‚neuen Menschen', die Kultur der sozialen Außenseiter, den Bruch mit gesellschaftlicher Konvention und die Auflehnung gegen die Autorität literarischer Traditionen aufgriff, aber die Beziehungen beispielsweise zu Herwarth Waldens *Sturm*-Kreis, der sich stärker als der *Brenner* ästhetischer Innovation verschrieben hatte, blieben lose. Trotz personeller Überschneidungen und Anzeigenschaltung kam hier keine nachhaltige Kooperation zustande. Zu unterschiedlich war die Kunstauffassung der beiden Herausgeber. Auf Fickers Entscheidung hin wurde etwa ein Gedicht von August Stramm, den Walden protegierte, nicht abgedruckt.[7] Auch die Verbindungen zur *Aktion*, die im Gegensatz zum apolitisch sich gebenden *Brenner* offen politisch agitierte, gingen über einige personelle Überschneidungen kaum hinaus; so publizierte etwa Marie Holzer, in Innsbruck lebende Mitarbeiterin der *Aktion*, nie im *Brenner*.[8]

Ebenso distanzierte sich Ficker bald von der ‚Wiener Literaturrevolution', repräsentiert in Robert Müllers *Ruf*. 1913 etikettierte er ihn und dessen Umkreis abschätzig als „unsere jungen Nerven-‚Heroiker'" und „Volldampf-Hysteriker" und bezeichnete ihre Lebensbejahung als „besinnungslose Schweinerei".[9] Ausschlaggebend dafür war „ein kleines Manifest" des Akademischen Verbands für Literatur und Musik gewesen, wo behauptet worden war, dass es in Österreich keine Zeitschrift gäbe, „die der Jugend offen stünde und *die der Mitarbeit der Begabten wert wäre*", was Ficker als „(derzeit noch wenig

7 Vgl. Eberhard Sauermann: Die Literatur der Moderne im ‚Brenner'. In: *Zeitmesser. 100 Jahre ‚Brenner'*. Ausstellungskatalog Forschungsinstitut Brenner-Archiv der Universität Innsbruck. Innsbruck: iup 2010, S. 57–77, hier S. 59.

8 Vgl. Christine Riccabona: Anmerkungen zu zwei Briefen im Nachlass Ludwig von Fickers und zu deren Verfasserin Marie Holzer. In: *Mitteilungen aus dem Brenner-Archiv* 31 (2012), S. 127–136.

9 Brief von Ludwig von Ficker an Ludwig Erik Tesar, 24.10.1913. BA, Nachlass Ludwig Erik Tesar, Sign. 150 / 3-16.

offenen) Widerstand“ gegen den *Brenner* wertete.[10] Nicht immer war es der Inhalt des *Brenner*, der Autoren und Autorinnen bewog, Arbeiten einzusenden, sondern vielmehr „seine literarische Sauberkeit“, wie die Formulierung von Alois Essigmann verdeutlicht: „Bei allen anderen Blättern muss man – entschuldigen Sie die Drastik – oft mit Schweinen aus einem Trog fressen.“[11]

Zwischen *Brenner*-„Gemeinde“ und *Brenner*-„Bewegung“

Bei aller Aufnahmebereitschaft für zeitgenössische Ideen war von Anfang an eine Abgrenzung des *Brenner* von Strömungen, die für das so genannte expressionistische Jahrzehnt konstitutiv waren, spürbar. Nach dem Ersten Weltkrieg wurde Fickers reservierte Haltung gegenüber der Moderne klar ersichtlich, als er „jene entscheidende Bewegung“, die den *Brenner* seinem „eigentlichsten Ziele“[12] zutragen sollte, proklamierte und von „der neuen Aera“ des *Brenner* sprach.[13] Die „Bewegung“, von deren „schicksalhaften Bedeutung“[14] und „Durchschlagskraft“[15] sich Ficker überzeugt gab, sollte sich „nur im Umkreis einer reinlichsten Gesinnung und der lautersten Leidenschaftlichkeit und Besonnenheit im Geiste durchsetzen“[16] lassen. Es war geplant, den *Brenner* in zwanglosen Folgen erscheinen zu lassen, um „ihm das Zeitschriftengesicht (das im allgemeinen heute besonders fragwürdig ist)“ zu nehmen,[17] womit „die deutlichste Abgrenzung gegen alle Art Literaturzeitschrift“[18] verbunden war. Die Zeitschrift

10 Brief von Ludwig Erik Tesar an Ludwig von Ficker, 26.10.1913. BA, Nachlass Ludwig von Ficker, Sign. 48 / 49-3.

11 Brief von Alois Essigmann an Ludwig von Ficker, 16.03.1914. BA, Nachlass Ludwig von Ficker, Sign. 10 / 12-5.

12 Brief von Ludwig von Ficker an Theodor Haecker, 20.05.1919. BA, Kopiensammlung Korrespondenz Ludwig von Ficker.

13 Brief von Ludwig von Ficker an Theodor Haecker, 06.07.1919. BA, Kopiensammlung Korrespondenz Ludwig von Ficker.

14 Brief von Ludwig von Ficker an Max Stefl, 19.06.1919. BA, Kopiensammlung Korrespondenz Ludwig von Ficker.

15 Brief von Ludwig von Ficker an Bruno Sander, 25.06.1919. BA, Nachlass Ludwig von Ficker Sign. 59 / 80-1.

16 Brief von Ludwig von Ficker an Theodor Haecker, 20.05.1919.

17 Ludwig von Ficker an Theodor Haecker, 06.07.1919. BA, Kopiensammlung Korrespondenz Ludwig von Ficker.

18 Ludwig von Ficker an Theodor Haecker, 19.07.1919. BA, Kopiensammlung Korrespondenz Ludwig von Ficker.

richtete sich fortan im Sinne Sören Kierkegaards, dessen Werk schon 1914 von Theodor Haecker zur Diskussion gestellt worden war, an „Einzelne", die angesichts divergierender weltanschaulicher Positionen vor die Entscheidung zwischen Haeckers rigider katholischer Orthodoxie oder Carl Dallagos Utopie des reinen Menschentums gestellt wurden. Dallago, einer der Hauptmitarbeiter des *Brenner* in dessen Anfangszeit, geriet ins Abseits und schied schließlich aus. Ficker setzte auf die „Wenigen, die – unabhängig von einander – das Schicksal des Brenner als das einer Bekenntnisschrift von Grund auf gestalten, indem sie nirgends sonst zum Wort sich melden als eben hier".[19] Für viele Mitarbeiter und Leser dokumentierte sich in der Zeitschrift eine „geistige Gemeinschaft", die „eine wirkliche Gewähr für eine Klärung unserer Verworrenheiten" zu verbergen schien.[20] Manche sprachen gar von einer „Brennergemeinde"[21]. Dahinter stand auch das – wohl gegen die starke Tendenz zur Gruppenbildung im Expressionismus gerichtete – Bedürfnis, „die Cliques und Claques wieder in ernsthaftere Gemeinden zu verwandeln", wie es Josef Leitgeb formulierte.[22] Einige Autoren hingegen waren irritiert, ob sie in die *Brenner*-„Bewegung" passten. So gestand Fritz Brügel, dass ihn das Wort „Bewegung" verwundert, ihm der *Brenner* aber gefallen habe, „weil aus ihm Menschen sprechen."[23]

Angesichts der selbstauferlegten Verpflichtung, „nur Beiträge von wesentlicher Bedeutung aufzunehmen", erwies es sich als schwierig, einen soliden Mitarbeiterstab zu konstituieren. Gegen Ende der ersten Dekade des Bestehens der Zeitschrift musste Ficker bekennen, dass er „so froh [wäre], wenn sich der Kreis der Wenigen, auf die es heute ankommt und die sich im Brenner gerne verlautbaren würden, nach und nach erweiterte."[24] Dennoch gab er sich zuversichtlich: „Wäre

19 Ludwig [von] Ficker: Vorwort zum Wiederbeginn. In: *Der Brenner* 4,1 (Ende Oktober 1919), S. 1–4, hier S. 3.

20 Brief von Richard Smekal an Ludwig von Ficker, 24.10.1919. BA, Nachlass Ludwig von Ficker, Sign. 41 / 47-4.

21 Brief von Ernst Haerle an Ludwig von Ficker, 25.07.1922. BA, Nachlass Ludwig von Ficker, Sign. 17 / 2-2.

22 Brief von Josef Leitgeb an Ludwig von Ficker, 12.10.1922. BA, Nachlass Ludwig von Ficker, Sign. 28 / 23-3.

23 Brief von Fritz Brügel an Ludwig von Ficker, 19.05.1920. BA, Nachlass Ludwig von Ficker. Sign. 4 / 51-4.

24 Brief von Ludwig von Ficker an Ferdinand Ebner, 31.12.1919. In: Ferdinand

ich nur von weltlichem Interesse abhängig, ich müßte wohl schier verzweifeln. So aber steht mir doch immer wieder mein Vertrauen in die Vorsehung bei, wenn ich bisweilen verzagt zu werden drohe“.[25] Der Glückwunsch Ferdinand Ebners „zum 10jährigen Bestand“ des *Brenner* war der einzige, den Ficker erhielt.[26]

Mitte der 1920er Jahre – als Paula Schlier als wichtige Mitarbeiterin hinzukam, langjährige Weggefährten aber gerade deshalb ausschieden – grenzte Ficker sich vor allem von jenen Kreisen ab, die sich seiner Überzeugung nach „das Weltbild derer, die für ihre Überzeugung leiden und ihr Leben einsetzen müssen, rein intellektuell, also persönlich zu nichts verpflichtend“, aneigneten.[27] Um der Gefahr zu entgehen, dass die Zeitschrift „ihren religiösen Charakter vorzeitig in der Richtung des theologisch Erbaulichen versteift“[28], näherte sich der *Brenner* in den 1920er Jahren reformkatholischen Erneuerungsbewegungen rund um *Die Schildgenossen* und *Neuland* an. Zugleich verwehrte er sich gegen die vermeintlich „religiös-echauffierte Rattenfängerei“ anderer Zeitschriften wie *Die Tat*, *Hochland* etc. „über den Kopf des ‚Brenner‘ hinweg“, den sie seiner Ansicht nach ignorierten.

Als Wilhelm Kütemeyer für seine Satire-Zeitschrift *Sumpf* nach „Bundesgenossen“ im „Kampfe mit den geistigen Widerwärtigkeiten unserer Zeit“ suchte und für ihn abgesehen von der *Fackel* dafür nur der *Brenner* in Betracht kam, da er „weder einer politischen, noch einer künstlerischen, noch einer gelehrten, noch einer religiösen Partei“ angehöre und „allen Sekten, Kliquen, Organisationen, Gemeinschaften“ ein „satirisches Gesicht“ zeige, ging Ficker nicht auf dessen Angebot ein.[29] Die Unabhängigkeitsbestrebungen hatten allerdings einen hohen Preis, denn der *Brenner* manövrierte sich in eine selbst verursachte Isolierung. 1931, zwei Jahrzehnte nach der Gründung der

Ebner: *Schriften*, Bd. III: Briefe, hrsg. v. Franz Seyr. München: Kösel 1965, S. 298–300, hier S. 300.

25 Brief von Ludwig von Ficker an Ferdinand Ebner, 05.07.1920. In: Ebner: *Schriften*, Bd. III: Briefe, S. 352.

26 Ebd.

27 Brief von Ludwig von Ficker an Paula Schlier, 15.12.1927. BA, Kopiensammlung Korrespondenz Ludwig von Ficker.

28 Brief von Ludwig von Ficker an Theodor Haecker, 27.12.1919. BA, Kopiensammlung Korrespondenz Ludwig von Ficker.

29 Brief von Wilhelm Kütemeyer an Ludwig von Ficker, 25.09.1926. BA, Nachlass Ludwig von Ficker, Sign. 26 / 24-1.

Zeitschrift, kam es zum „Stillstand“[30] der vielbeschworenen „Bewegung“, die wohl weniger den Tatsachen als Fickers Wunschdenken entsprungen war. Im geistigen Kampf um die für sich in Anspruch genommene „Wahrheit“, den er nicht „mit den Mitteln einer Kollektiv-Bewegung und in propagandistischer Absicht“ führen wollte, sondern „vom Standpunkt einer menschlichen Preisgegebenheit aus, die außerhalb jedes Betriebsschemas fällt“, war er unterlegen.[31] 1933, als die Nationalsozialisten in Deutschland wie auch das austrofaschistische Regime in Österreich die Macht übernahmen, kam es zu weitreichenden gesellschaftspolitischen Änderungen, die sich auch wesentlich auf die Arbeit Fickers, auf den *Brenner* und seine Rezeption auswirkten. Ficker veröffentlichte von 1932 bis 1934 noch drei Folgen; die grundsätzliche inhaltliche Ausrichtung der Zeitschrift in Richtung eines offen propagierten Christentums bzw. die offensive Apostrophierung des Offenbarungscharakters von Kunst änderte sich dabei nicht. Im Unterschied zum tendenziell christentumfeindlichen Nationalsozialismus in Deutschland hatte der *Brenner* damit im klerikal orientierten österreichischen Ständestaat keine Legitimitätsprobleme; erst nach dem ‚Anschluss‘ an das Dritte Reich geriet die Zeitschrift ins Visier der Reichsschrifttumskammer und wurde im Frühjahr 1940 verboten.

Von den *Brenner*-„Freunden“ zum *Brenner*-„Kreis“

Im Herbst 1946 konnte der *Brenner*, nachdem ihm „zwölf Jahre […] Schweigen auferlegt“[32] waren, wieder mit Billigung der französischen Besatzungsbehörde erscheinen. Ficker setzte bei der Konzeption der Zeitschrift insofern einen Schwerpunkt, als er vom „alte[n] Wahrblick der Besinnung in Dichtern und Denkern“[33] ausging, also auf Beiträge von bereits etablierten *Brenner*-Mitarbeiter/innen zurückgriff – ein Prinzip, das er bis auf wenige Ausnahmen auch auf die Folgen von 1948 und 1954 übertrug. Dem Vorwurf eines „Uebergewicht[s] des

30 Brief von Ludwig von Ficker an Friedrich T. Gubler, 08.03.1931. BA, Kopiensammlung Korrespondenz Ludwig von Ficker.

31 Brief von Ludwig von Ficker an Erich Weiß, 13.09.1932. BA, Nachlass Ludwig von Ficker, Sign. 60 / 88-1.

32 *Der Brenner* 16 (1946), Umschlagtext.

33 Ebd.

‚Esoterischen'",[34] dem er sich vereinzelt ausgesetzt sah, setzte er dabei die „ganze Weite des katholischen Geisteshorizonts entgegen, nach dem hin der ‚Brenner' im Bilde seiner Denker und Dichter orientiert ist".[35] Der Aufbau eines neuen Mitarbeiterstabes war nicht mehr in seinem Sinne, allerdings pflegte Ficker zum Teil regen Kontakt mit von ihm als *Brenner*-„Freunde" bezeichneten Bekannten, wozu Theologen, Verleger, aber auch einige jüdische Emigranten wie Martina Wied oder Werner Kraft zu zählen sind. Spätestens ab 1950, als der *Brenner*-Herausgeber seinen siebzigsten Geburtstag und das vierzigjährige Bestehen seiner Zeitschrift feierte, erhielt Ficker aufgrund der durch den Zweiten Weltkrieg veränderten kulturellen Semantik der (österreichischen) Nachkriegszeit jene Aufmerksamkeit, die ihm zuvor versagt geblieben war. Der *Brenner* wie auch sein Herausgeber boten sich an, kulturelle Identitätsträger zu werden, und wurden – insbesondere von politischer Seite – entsprechend instrumentalisiert. In zahlreichen Würdigungen war nun zunehmend vom *Brenner*-„Kreis" die Rede; exemplarisch sei aus einem Glückwunsch-Brief Gerhart Baumanns zitiert:

> Daß es einem Menschen vergönnt ist, einen *Kreis* zu bilden, der in die Geistes- und Schrifttumsgeschichte eingeht, die Bedeutendsten einer Epoche zu vereinigen, indem er sie entdeckt, Schaffens- und Daseinsmöglichkeiten bietet, Ihnen den Weg zu sich bereitet, – das ist etwas unerhört Seltenes und verbürgt ein unverwesliches Dasein.[36]

Derart gebraucht, suggeriert der Begriff (diachrone) Homogenität, die in dieser Form nie bestanden hatte.

34 Brief von Ludwig von Ficker an Michael Brink, 06.11.1945. BA, Nachlass Ludwig von Ficker, Sign. 56 / 79-2.

35 Ebd.

36 Brief von Gerhart Baumann an Ludwig von Ficker, 11.05.1966. BA, Nachlass Ludwig von Ficker, Sign. 2 / 40-4. Hervorhebung d. Verf.

Die Görlitzer Zeitschrift *Die Lebenden*

Später Expressionismus in Schlesien?

Simone Zupfer

Die literarisch-künstlerischen Flugblätter *Die Lebenden* erschienen zwischen 1923 und 1931 in wenigen, unregelmäßig aufeinanderfolgenden Nummern.[1] Das Erscheinungsbild der Zeitschrift wurde bis zur letzten Ausgabe von spätexpressionistischen, konstruktivistischen und neusachlichen Grafiken geprägt. Neben Kunst und Literatur enthielt die Schriftenfolge zahlreiche literaturkritische Beiträge zur zeitgenössischen Lyrik und Dramatik. Die in der Zeitschrift publizierten Werke stammten teilweise von etablierten, teilweise von unbekannten, oft als ‚Schlesier' inszenierten Gegenwartsschriftstellern. Dies brachte dem Görlitzer Textilingenieur Ludwig Kunz, dem Herausgeber und Finanzier des Blattes,[2] den Vorwurf ein, „etwas wahllos […] Jeden" zu propagieren, „der halbwegs ‚dichten' k[önne],

1 Vgl. Ludwig Kunz (Hrsg.): *Die Lebenden. Flugblätter. 1923–1931.* Fotomechanischer Nachdruck. Hilversum / Zürich: De Boekenvriend / Limmat 1966. – Die Schriftenfolge erschien zunächst im Berliner Elena Gottschalk Verlag, später im Görlitzer Verlag Hoffmann & Reiber, dann in Kurt Virneburgs Berliner Nachwuchsverlag Der Aufbruch und zuletzt im Berliner Horen-Verlag. Das Reprint enthält 17 Einzelhefte, während der Herausgeber Kunz die Doppelnummern zweifach zählte und von 22 Nummern sprach.

2 Els Andringa würdigt Kunz als Förderer des Schriftstellers Wilhelm Lehmann und weist auf Kunz' Verdienste als Übersetzer und Herausgeber niederländischer Lyrik hin. Vgl. Els Andringa: ‚Das Schicksal hat mich nun in den verhängnisvollen Jahren nach Holland geführt'. Ludwig Kunz' Kontaktaufnahme mit Wilhelm Lehmann. In: Primus-Heinz Kucher / Johannes F. Evelein / Helga Schreckenberger (Hrsg.): *Erste Briefe / First Letters aus dem Exil 1945–1950. (Un)mögliche Gespräche. Fallbeispiele des literarischen und künstlerischen Exils.* München: edition text+kritik 2011, S. 227–238. Über Ludwig Kunz in den Kreisen der künstlerischen Avantgarde vgl. Wolfgang Wessig: Ein Ludwig-Meidner-Konvolut im Ludwig-Kunz-Archiv der Städtischen Kunstsammlungen Görlitz. In: *Schlesien* 38,4 (1993), S. 242–250. Auf das Schicksal des von den Nationalsozialisten ins Exil gezwungenen Juden Ludwig Kunz weist Antonín Dick hin. Vgl. Antonín Dick: Zwei Hälften eines Lebens. Vor neunzig Jahren erblickten die *Lebenden* das Licht der Welt. http://www.poetenladen.de/antonin-dick-ludwig-kunz-die-lebenden.htm (Zugriff am 26.11.2014). Porträtiert wurde Kunz vom Grafiker und Maler Johannes Wüsten. Vgl. *Johannes Wüsten (1896–1943). Leben und Kunst.* Ausstellungskatalog Heidelberger Kunstverein. Heidelberg: Kehrer 1996, S. 169–170.

also Weizen und Spreu."[3] Der im Jahr 1900 geborene Kunz bewegte sich seit spätestens 1921 im Umfeld der künstlerischen Aufbruchsbestrebungen Oberschlesiens. In der in Kattowitz/Katowice erschienenen Zeitschrift *Die Gäste* wies Kunz auf die Gründung des Görlitzer Jakob-Böhme-Bundes hin. Zu den „schöpferische[n] Menschen", die im „Gedenken des Meisters einen Bund geschlossen"[4] hatten, gehörten die Görlitzer Künstler Willy Schmidt und Fritz Neumann-Hegenberg, deren Werke später die Titelblätter der Zeitschrift *Die Lebenden* zieren sollten. Auch die Freie Gruppe: Die Lebenden, als deren Organ die gleichnamigen Flugblätter erschienen,[5] bestand bereits vor der Gründung der Zeitschrift. Gegründet hatte sich die Gruppe vermutlich im Jahr 1922. Damals wurde im *Neuen Görlitzer Anzeiger* über den ersten Veranstaltungsabend des Kreises, der „‚zeitgenössischen Künsten, namentlich der Dichtung' dienen will"[6], berichtet. Bei der Veranstaltung handelte es sich um eine Lesung des im oberschlesischen Gleiwitz/Gliwice geborenen Lyrikers und Erzählers Arthur Silbergleit, der am Anfang des vorherigen Jahrzehnts in expressionistischen Zeitschriften wie *Die Aktion* und *Der Sturm* publiziert hatte. Im Kontext der im Jakob-Böhme-Bund sowie in der Freien Gruppe: Die Lebenden organisierten Künstler und Kunstförderer wirkte Silbergleit, vermittelt über den Görlitzer Essayisten Paul Mühsam, als Verbindungsglied zur Breslauer Dichterschule.[7]

Anders als die Protagonisten spätexpressionistischer Gruppen in Dresden, Kiel und Konstanz verzichtete Kunz auf eine intensive Vernetzungs- und Marketingstrategie.[8] Zwar bestand ein loser Kontakt zu

3 [Anonym]: [Atlantis / Die Lebenden]. In: *Die Neue Bücherschau* 2,2 (1929), S. 112.

4 Ludwig Kunz: Jakob Böhme-Bund. In: *Die Gäste* 1,5/6 (1921), S. 93–94, hier S. 93.

5 Vgl. [Ludwig Kunz]: [Redaktionelles]. In: *Die Lebenden* 1,1 (1923), S. 4.

6 O. S.: [Veranstaltungsabend]. In: *Neuer Görlitzer Anzeiger*, 23.07.1922, 1. Beil., S. 1. Zit. n. Else Levi-Mühsam (Hrsg.): *Arthur Silbergleit und Paul Mühsam. Zeugnisse einer Dichterfreundschaft. Ein Zeitbild.* Würzburg: Bergstadtverlag Korn 1994, S. 115–116, hier S. 115. Kunz hingegen stellte die Lesung Else Lasker-Schülers im Januar 1923 als die erste der von der Gruppe organisierten Veranstaltungen dar. Vgl. [Ludwig Kunz]: Aus dem Gästebuch der ‚Lebenden'. In: *Die Lebenden. Fotomechanischer Nachdruck*, S. 89.

7 Vgl. Arno Lubos: *Geschichte der Literatur Schlesiens,* Bd. 3. München: Bergstadtverlag Korn 1974, S. 266–267.

8 Zur Zusammenarbeit zwischen den Dresdner Expressionisten und anderen spätexpressionistischen Gruppen vgl. Frank Almai: *Expressionismus in Dresden. Zentrenbildung der literarischen Avantgarde zu Beginn des 20. Jahrhunderts in Deutschland.* Dresden: Thelem 2005, S. 253–286.

der den modernen Künsten aufgeschlossenen Zeitschrift *Die Gäste*,[9] zu der in Breslau/Wrocław erschienenen und von den aktivistischen Ideen Kurt Hillers inspirierten Zeitschrift *Die Erde* lassen sich jedoch keine Verbindungen nachweisen. Dies ist nicht erstaunlich, hob der Herausgeber Kunz in der Erstausgabe seines Blattes den programmatisch unpolitischen Charakter der Schriftenfolge doch deutlich hervor. Ganz „[u]nabhängig [von] jeder speziellen Parteiung" sollte dort „allen wichtigen Gegenwartskünsten nach[ge]spür[t]"[10] werden. Bedenkt man allerdings, dass sich Kunz in seinen Flugblättern immer wieder als Förderer einer generationen- und parteiübergreifenden schlesischen Dichtkunst inszenierte,[11] erscheint diese programmatische Äußerung eher wirklichkeitsfremd. Denn nach der Abtretung ehemals deutscher Gebiete an Polen und die Tschechoslowakei war nicht nur die politische, sondern auch die literarische Debatte in Werken über Schlesien von „Grenzkämpfe[n]"[12] geprägt, die die semantische Struktur vieler Texte bis hinein „in den Bereich des körperlich Erfahrbaren"[13] beeinflussten. Dass Ludwig Kunz seiner Flugblattfolge später nachträglich eine gesellschaftskritische Haltung zu verleihen versuchte, kann als Rechtfertigungsstrategie des 1938 von den Nationalsozialisten aus Deutschland vertriebenen und niemals dorthin zurückgekehrten Kunz aufgefasst werden.[14]

9 Neben Kunz veröffentlichte dort auch der Kunsthistoriker Willi Wolfradt, der in der Zeitschrift *Die Lebenden* die Beiträge zur Grafik und Kunst verantwortete.

10 [Ludwig Kunz]: Notizen. In: *Die Lebenden* 1,1 (1923), S. 4.

11 „So ist unter den Stimmen der Jüngsten ebenso vernehmbar eine wirklichkeitsferne, liedhafte Verszeile wie die soziale Anklage, ebenso eine psychologische Schilderung wie ein heiter-scharfes Spottlied." ([Ludwig] K[un]z: *Sechs junge Schlesier.* In: *Die Lebenden* 2,6 (1930), S. 2.)

12 Walter Schmitz / Michael Neumann: Schlesische Grenzkämpfe. Zur literarischen Semiotik eines geteilten Landes in den 1920er Jahren. In: Walter Schmitz / Clemens Vollnhals (Hrsg.): *Völkische Bewegung – Konservative Revolution – Nationalsozialismus. Aspekte einer politisierten Kultur.* Dresden: Thelem 2005, S. 91–114, hier S. 91.

13 Ebd., S. 97.

14 „Professor Oskar Walzel […] schrieb ein Manuskript über ‚Das Ende des Expressionismus' […]. Ich ließ hingegen eine Ausgabe erscheinen, die diesen Titel trug: ‚Soziale Dichtung ist Schicksalsdichtung', ein Blatt mit lyrischen Beiträgen von Max Herrmann-Neiße, Paul Zech, Alfred Wolfenstein, Fred von Zollikofer, Johannes Urzidil und F. O. Hallener (Werner Milch) sowie einer Einleitung von Rudolf Kayser." (Ludwig Kunz: In der Nachhut des Expressionismus. In: *Die Lebenden. Fotomechanischer Nachdruck*, S. 85–87, hier S. 85.)

Tatsächlich hatte die Zeitschrift *Die Lebenden* mit dem aggressiven Aufbruchspathos der sich seit 1910 in Berlin konstituierenden Großstadtavantgarde kaum etwas zu tun. Zwar hatte Kunz mit Ernst Blass, Georg Britting, Alfred Döblin, Max Herrmann-Neiße, Anton Schnack, Alfred Wolfenstein und Paul Zech mehrere wichtige Protagonisten der expressionistischen Bewegung für sein Blatt gewinnen können. Deren oft kulturpessimistisch geprägte Beiträge führten den Titel des Blattes jedoch geradezu ad absurdum. So beschrieb der Lyriker Blass den Expressionismus nur noch als eine der „naturalistischen […] Richtung"[15] gleichberechtigte Strömung. Alfred Wolfenstein, ein langjähriger Mitarbeiter der von Franz Pfemfert herausgegebenen Zeitschrift *Die Aktion*, positionierte sich mit seinem Seitenhieb gegen den „Aktivismus, diese[n] Militarismus des Schreibens"[16] schließlich gegen einen engagierten Literaturbegriff. Stattdessen forderte er eine Dichtung, die „die Menschengemeinde nicht zu einer Armee oder Herde[,] sondern zu einer himmlischen Heerschar mach[e]."[17]
Der von Wolfenstein angedeutete Wunsch nach Synthese ist charakteristisch für das Profil der Zeitschrift *Die Lebenden* und wird in den Beiträgen der – aus dem Umfeld des Verlages S. Fischer stammenden – Schriftsteller Oskar Loerke[18], Moritz Heimann und Hermann Kasack besonders deutlich. Nach Auffassung des Naturlyrikers Loerke war der Schriftsteller Heimann dann auch „so sehr märkischer Preuße wie Gesamtdeutscher […], so sehr Jude wie Mitbürger des ganzen Menschenlandes"[19]. Loerke unterschied daher nur graduell zwischen Heimanns „politischen, literarischen, ethischen [und] kulturellen Aufsätze[n]", die „thematisch […] nicht wesentlich"

15 Ernst Bla[ss]: Blick auf die zeitgenössische Literaturkritik. In: *Die Lebenden* 1,6 (1924), S. 1. – Zum vergeblichen Versuch Ludwig Kunz', einen Teil des literarischen Nachlasses des Dichters über die Jahre des Nationalsozialismus hinweg zu retten vgl. Angela Reinthal: *‚Wo Himmel und Kurfürstendamm sich berühren'. Studien und Quellen zu Ernst Blass (1890–1939). Mit einer umfangreichen Bibliographie der Primär- und Sekundärliteratur*. Oldenburg: Igel Wissenschaft 2000, S. 360–361.

16 Alfred Wolfenstein: Zur Lage der Dichtung in dieser Zeit. In: *Die Lebenden* 1,2 (1923), S. 2–3, hier S. 2.

17 Ebd., S. 3.

18 Vermutlich war es Oskar Loerke, der Kunz den Kontakt zu den Autoren des S. Fischer Verlages vermittelte. Vgl. Kunz: In der Nachhut des Expressionismus, S. 86–87.

19 Oskar Loerke: Blick auf Moritz Heimann. In: *Die Lebenden* 1,5 (1924), S. 3–4, hier S. 4.

voneinander abwichen.[20] Loerke wiederum wurde vom Schriftsteller Julius Levin als Dichter der „poetischen Synthese"[21] charakterisiert. Anders als in Loerkes Dichtungen sei diese Synthese bei den meisten anderen Gegenwartslyrikern „ausgeschaltet [...] und zwar deshalb, weil sie nur sprachlich komplex" seien, „ideell aber nüchtern erscheinen, wie alle Menschen, die sich stets in derselben Sphäre – besonders in einer ihnen nicht zugehörigen – beweg[t]en."[22] Damit wurde in der Zeitschrift *Die Lebenden* eine auch der bürgerlichen Lesererwartung entsprechende Literaturauffassung vertreten, wie sie der Lektor Moritz Heimann in den 1920er Jahren für den S. Fischer Verlag reklamiert hatte.[23]

Auch wenn Ludwig Kunz die Rolle Carl Hauptmanns als „Führer und Mitstreiter der jungen Generation"[24] besonders hervorhob, wurde die Fähigkeit zur Harmonisierung scheinbar nicht miteinander zu vereinender Gegensätze dessen Bruder Gerhart zugeschrieben. Der in Breslau/Wrocław geborene Alfred Kerr griff in seiner Rezension zum erzählerischen Werk des Schriftstellers und Herausgebers Gerhart Pohl dann auch auf den Topos des schlesischen Dichterfürsten Gerhart Hauptmann zurück. Aufgrund seiner Herkunft sei es Pohl, der zudem den „schlesischen Vornamen Gerhart"[25] trage, gelungen, eine Synthese aus Naturalismus und Expressionismus herzustellen. Den Wunsch nach „Ganzheitlichkeit, [...] Rückkehr zur Identität von Form und Inhalt sowie eine[r] ‚erneuerte[n]', magisch-sinnhafte[n] Sprache"[26] hegte auch der Kreis um die zwischen 1929 und 1932 in

20 Loerke: Blick auf Moritz Heimann, S. 4.

21 Julius Levin: Ueber Oskar Loerke und poetische Synthese. In: *Die Lebenden* 1,7 (1925), S. 2–3, hier S. 3.

22 Ebd., S. 3.

23 Vgl. Walter Schmitz: ‚Ob wir aus Böhmen kamen, weiß ich nicht ...' Gerhart Hauptmann und die Rolle eines Dichters der schlesischen Heimat. Mit dem bislang unveröffentlichten Briefwechsel von August Scholtis und Gerhart Hauptmann. In: Jürgen Joachimsthaler / Ders.: (Hrsg.): *Verhandlungen der Identität. Literatur und Kultur in Schlesien seit 1945*. Dresden: Thelem 2004, S. 3–35, hier S. 6.

24 [Ludwig Kunz]: Carl Hauptmann. In: *Die Lebenden* 2,1 (1928), S. 2. – Zur Rolle Carl Hauptmanns für die Schriftsteller aus dem Umfeld der literarischen Moderne vgl. Walter Schmitz: *Das Haus ‚Wiesenstein'. Gerhart Hauptmanns dichterisches Wohnen*. Dresden: Thelem 2009, S. 122, 137, 218.

25 Alfred Kerr: Gerhart Pohl. In: *Die Lebenden* 3,3/4 (1930), S. 2–3, hier S. 2.

26 Petra Kiedaisch / Volker Schober: Krisenzeit der Moderne. Martin Raschke und die ‚Kolonne' um 1930. In: Wilhelm Haefs / Walter Schmitz (Hrsg.): *Martin Raschke*

Dresden erschienene Zeitschrift *Die Kolonne*. Es verwundert daher nicht, dass Schriftsteller wie Hermann Kasack, Otto Heuschele und Bernhard Diebold in jeweils beiden Zeitschriften vertreten waren. Die Antwort des Kleist-Preisträgers – und späteren NS-Drehbuchautors – Gerhard Menzel auf eine von den Mitarbeitern der Zeitschrift *Die Kolonne* veranstaltete Umfrage zu den aktuellen Strömungen in der jungen deutschen Literatur wurde in den Flugblättern *Die Lebenden* erneut publiziert.[27]

Auch wenn sich Ludwig Kunz und viele seiner ehemals expressionistischen Mitstreiter als mittlerweile „arrivierte[] Avantgarde"[28] sowohl vom politisch engagierten Expressionismus als auch von der als menschenfeindlich empfundenen Neuen Sachlichkeit[29] abzugrenzen versuchten, blieben sie den medialen und künstlerischen Innovationen der 1920er Jahre gegenüber aufgeschlossen. Den Kontakt zu den Protagonisten aus Literatur, Kunst, Kabarett, Film und Radio stellte oft der mit Kunz befreundete Schriftsteller Max Herrmann-Neiße her.[30] Dieser äußerte zwar immer wieder Zweifel am publizistischen Talent des „stilistische[n] Repetierschütze[n]"[31] Kunz, der sich „in bester Absicht"[32] um Max Herrmann-Neißes neu erschienene Werke bemühte.[33] Dennoch profitierte auch Max Herrmann-Neiße vom

(1905–1943). Leben und Werk. Mit einer Lebenschronik und einer Bibliographie von Wilhelm Haefs sowie einer Radiographie von Hans-Ulrich Wagner. Dresden: Thelem 2002, S. 37–58, hier S. 53.

27 Vgl. Gerhard Menzel: [Bekenntnis anläßlich von ‚Fern-Ost']. In: *Die Kolonne* 1,2 (1930), S. 8; Gerhard Menzel: Bekenntnis anläßlich von ‚Fern-Ost'. In: *Die Lebenden* 2,6 (1930), S. 2.

28 Pierre Bourdieu: *Die Regeln der Kunst. Genese und Struktur des literarischen Feldes*, aus d. Franz. v. Bernd Schwibs / Achim Russer. Frankfurt am Main: Suhrkamp 1999, S. 198.

29 Der Herausgeber Kunz charakterisierte die „Sachlichkeit" der Jugend als „im Banne eines sozusagen ‚geistigen' Faschismus" stehend, so dass diese „mit Revuekitsch, Indianermusik und Nachtbetrieb […] das tagsüber Entgangene nachhol[en]" müsse (Ludwig Kunz: *Chaos*. Berlin: Kurt Virneburg Verlag Der Aufbruch 1928, S. 4, 6).

30 Zum Verteidigung des Theaterexpressionismus vgl. Max Herrmann[-Neiße]: Bilanz neuer Dramatik. In: *Die Lebenden* 1,5 (1924), S. 2–3, hier S. 2.

31 Max Herrmann-Neiße an Friedrich Grieger, Brief vom 17. Februar 1931. In: Max Herrmann-Neiße: *Briefe*, Bd. 2: Briefe 1929–1940, hrsg. v. Klaus Völker / Michael Prinz. Berlin: Verbrecher 2012, S. 183–188, hier S. 185.

32 Max Herrmann-Neiße an Friedrich Grieger, Postkarte vom 30. Mai 1927. In: Max Herrmann-Neiße: *Briefe*, Bd. 1: Briefe 1906–1928, S. 940–941, hier S. 941.

33 Vgl. Ludwig Kunz: Max Herrmann-Neiße: Die Begegnung. In: *Die neue Bücherschau* 6, 4. Folge, 2. Schrift (1926 / 1927), S. 87.

schlesischen Netzwerk seines Freundes. Denn Kunz unterstützte Herrmann-Neiße nicht nur durch die mäzenatische Zuwendung „eines anonymen Görlitzer ‚Förderers'"[34], sondern verlieh dem Werk seines Freundes durch Rezensionen in schlesischen Kulturzeitschriften,[35] den Kontakt zur Görlitzer Literarischen Vereinigung[36] sowie durch eine im „Breslauer Rundfunk [ausgestrahlte] Stunde der (Görlitzer) ‚Lebenden'"[37] eine Öffentlichkeit in seiner schlesischen Heimat, die der Schriftsteller gerade in seinen Anfangsjahren vermisst hatte. Das Verdienst des Herausgebers Kunz lag damit weniger in der Revitalisierung des Expressionismus, sondern vielmehr darin, dass er mit seiner Schriftenfolge ein Publikationsforum geschaffen hatte, in dem sich in Schlesien sozialisierte Dichter und Literaten über literarische Fraktionen hinweg und jenseits aller nationalen Emphase miteinander verständigen konnten.

34 Max Herrmann-Neiße an Friedrich Grieger, Brief vom 17. Mai 1923. In: Max Herrmann-Neiße: *Briefe*, Bd. 1: Briefe 1906–1928, S. 660–662, hier S. 661.

35 Vgl. Ludwig Kunz: Der Kulturpolitiker Max Herrmann. In: *Der Oberschlesier* 6,1 (1924), S. 78–79.

36 Vgl. Max Herrmann-Neiße an Leni Herrmann, Brief vom 6. Juni 1928. In: Max Herrmann-Neiße: *Briefe*, Bd. 1: Briefe 1906–1928, S. 1029–1030, hier S. 1030; Max Herrmann-Neiße an Leni Herrmann, Brief vom 13. März 1929. In: Max Herrmann-Neiße: *Briefe*. Bd. 2: Briefe 1929–1940, S. 25–27, hier S. 26.

37 Max Herrmann-Neiße an Friedrich Grieger, Brief vom 25. Februar 1928. In: Max Herrmann-Neiße: *Briefe*, Bd. 1: Briefe 1906–1928, S. 1002–1003, hier S. 1003. Zur Modernität des von Fritz Walter Bischoff betreuten literarischen Programms der Schlesischen Funkstunde vgl. Daniela Ploch: Moderne Massenmedien im Wandel. ‚Die Schlesische Funkstunde' (1924–1933). In: Stanisław Prędota / Andrea Rudolph (Hrsg.): *Der Worte Echo im Spiegel der Sprache. Festschrift für Maria Katarzyna Lasatowicz*. Berlin: Trafo 2011, S. 141–156, hier S. 151, 155.

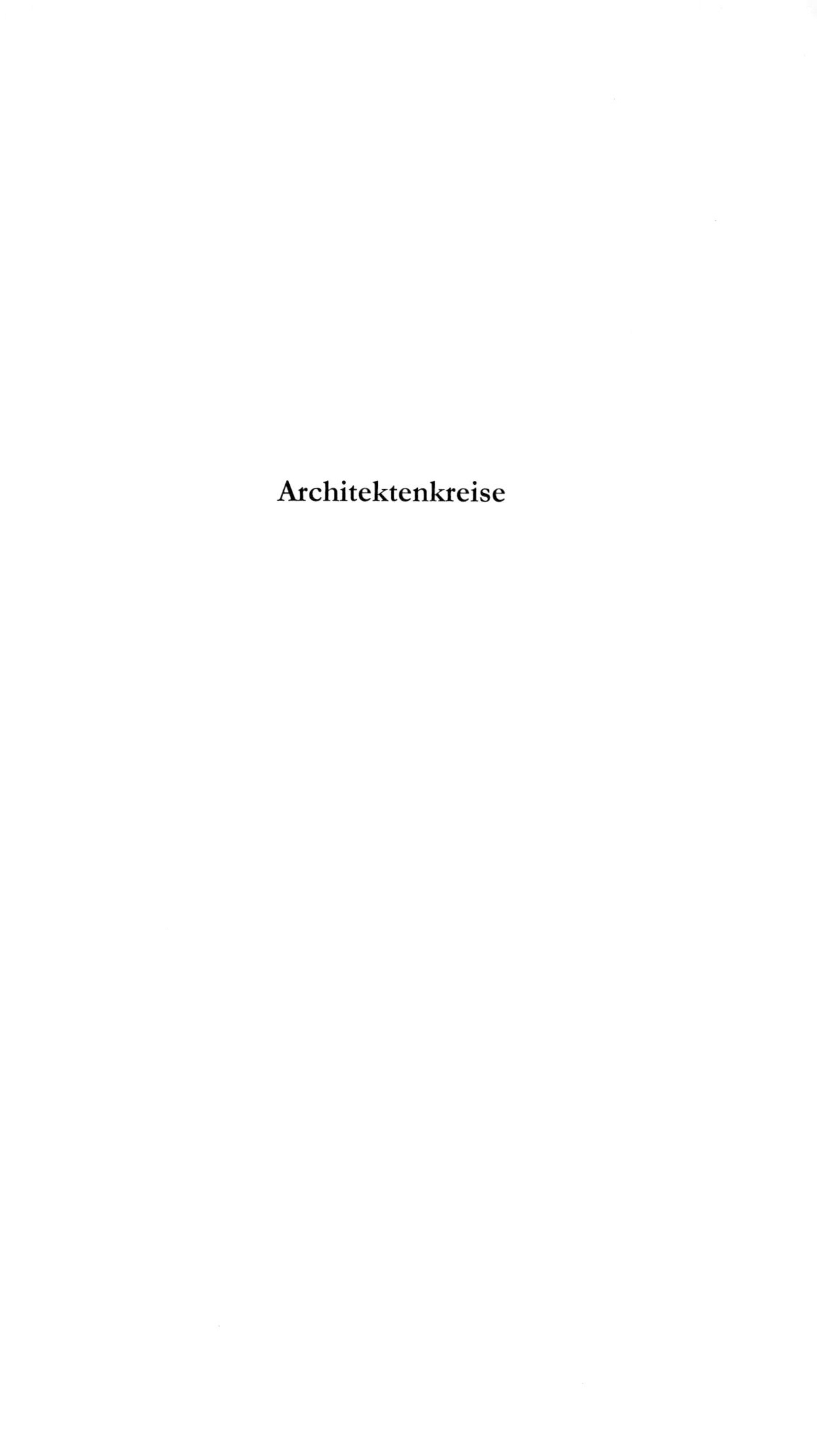

Architektenkreise

‚Gläserne Kette', fragile Ideale

Expressionistische Architektenkreise um 1920 zwischen Vision und Gestalterpraxis

Lutz Hengst

Die Vielgestalt expressionistischer Architektur steht seit Wolfgang Pehnts richtungsweisender Zusammenschau wohlsortiert zu Buche: Sie kann von einem monumentalen Natursteinturm aus dem Jahr 1902 bis zu Rudolf Steiners zweitem, organisch-schwungvollen Goetheaneum (1924–28) reichen. Pehnt konzentriert sich für die Auswahl seiner Beispiele „auf die Baukunst des deutschen Sprachraumes", da „dessen Kunst und Literatur zwischen 1910 und etwa 1923 durch den Expressionismus bestimmt"[1] gewesen sei. Die bereits bei Gottfried Benn implizite Suche[2] nach *dem* expressionistischen Jahrzehnt muss hier nicht fortgesetzt werden. Allerdings lässt sich in diesem Zusammenhang Eines anmerken: Erst ein paar Jahre nachdem einige Pioniere expressionistischer Lyrik im Weltkrieg ihr Leben gelassen hatten und die Künstler der Brücke-Gruppe schon wieder getrennte Wege gingen, kam es zu einer expressionistisch getönten Zirkelbildung durch Architekten unter Federführerschaft eines Architekten. Namentlich initiierte Bruno Taut 1919 das Netzwerk der Gläsernen Kette. Dass sich Taut selbst wie mancher Kollege zuvor schon in anderen Künstlerverbünden bewegt hatte und teils wichtige Positionen besetzte, bleibt davon unbenommen; genauso wie der Umstand, dass parallele Bünde wie der auch von Taut angeregte „Ring"[3] oder neue Zentren wie das Bauhaus gewisse Konstanten expressionistischer Haltungen erlaubten. Aber Anschlüsse an andere Gruppierungen allein ergeben noch keine eigene Architekteninitiative. Daran ändert auch eine Mitgliedschaft im Deutschen Werkbund oder

1 Wolfgang Pehnt: *Die Architektur des Expressionismus*. Stuttgart: Hatje 1973, S. 7.

2 Vgl. Gottfried Benn: Einleitung. In: Max Niedermeyer (Hrsg.): *Lyrik des expressionistischen Jahrzehnts. Von den Wegbereitern bis zum Dada*. München: dtv 1962, S. 5–16, hier S. 6.

3 Max Taut: O. T. In: *Die gläserne Kette. Visionäre Architekturen aus dem Kreis um Bruno Taut 1919–1920*. Ausstellungskatalog Museum Leverkusen. Leverkusen: o. V. 1963, o. P.

in der räte-republikanisch inspirierten Novembergruppe von 1918 wenig; und selbst die Verflechtung Tauts mit dem Kreis um Waldens *Sturm* tut dies nicht – insbesondere fällt die eher späte Zirkelprägung im Architekturexpressionismus in einem Umfeld auf, das gleichermaßen für das Verfassen fokussierter Manifeste wie für ‚gesamtkünstlerische' Vernetzungen günstig gewesen sein muss, ein Umfeld, in dem ein „Gemeinschaftspathos" zum Leitmotiv einer Gestaltergeneration wurde und in welchem mit den Veröffentlichungen des *Blauen Reiters* überdies ein Prototyp „für die Publikationsflut expressionistischer, dadaistischer und futuristischer Vereinigungen"[4] vorlag. Lediglich die Phase ab 1918, in der Bruno Taut den Arbeitsrat für Kunst leitet, präludiert, wie Ralph Musielski umreißt,[5] deutlich der Gründung der Gläsernen Kette als Forum eines primär architektonischen Austauschs im expressionistischen Gesamtgeflecht. Zu Eigenheiten der Kette-Gruppe unten etwas mehr; zunächst soll aber deren eher späte Formierung eine spezifische Lage in den Blick nehmen helfen, die architektonische, vergleichsweise anwendungsnahe Akteure gegen andere absetzt:

In ihrem Entwerfen zwischen den für sich schon heterogenen Polen von Baurealität und -imagination in der ersten Hälfte des 20. Jahrhunderts eingespannt, fällt es nicht leicht, ideelle Verbindungen unter herausragenden deutschen Akteuren eines Expressionismus in der Architektur zu erkennen. Verglichen mit anderen, auch losen expressionistischen Gruppierungen werden diesem gehäuft Gestalter mit ambivalenten Profilen zugerechnet. Um es in einer – zugegeben schwierigen – Gegenüberstellung zu verdeutlichen: Selbst wenn aus biographischen Miniaturen, wie sie Kurt Pinthus für die Nachkriegsauflage der Anthologie *Menschheitsdämmerung* ausformuliert hat, Verklärungen eines Involvierten herausgefiltert werden, so beeindrucken die nachgerade heroischen Viten etlicher expressionistischer Lyriker bis heute: Mit Walter Hasenclever, Wilhelm Klemm, Rudolf Leonhard, Karl Otten, Ernst Toller und Armin T. Wegner lässt sich rasch eine Reihe nicht nur bedeutender Dichter, sondern zugleich aktiver Widerständler, Anti-Faschisten oder Pazifisten bilden. Sie müsste dann ergänzt werden besonders durch jene ebenfalls nicht wenigen,

4 Ralph Musielski: *Baugespräche. Architekturvisionen von Paul Scheerbart, Bruno Taut und der „Gläsernen Kette".* Berlin: Reimer 2003, S. 121.

5 Vgl. ebd., S. 122.

die durch die Nazis ermordet oder ins Exil gezwungen wurden. Und sogar wenn man die Biographie Benns dagegen hält, erscheint noch eine nachträglich stilisierte *innere Emigration* eher unopportunistisch gegenüber den Wegen wichtiger expressionistischer Architekten. Fritz Höger, als Architekt des Hamburger Chilehauses (1922–24) Entwerfer einer der Ikonen tatsächlich gebauter expressionistischer Architektur, schrieb und veröffentlichte klar NS-Linientreues; und Bernhard Hoetger, Architekt des Expressionismus der Bremer Böttcherstraße, plante einen „zentralen Kultbau über hakenkreuzförmigem Grundriß",[6] obgleich diese Mühe ihn nicht vor Anfeindungen Hitlers bewahrte. – Nun aber käme es nicht nur einer Überhebung gleich, die ausgewiesene Widerstandsbiographie eines Lyrikers wie Rudolf Leonhard zur, obendrein wissenschaftlichen Richtschnur des Wirkens expressionistischer Architekten machen zu wollen. Es würde überdies Demut vermissen lassen, die sich in Anbetracht individueller Biographien und zugespitzt vor einem Lebensweg anempfiehlt, wie ihn das Mitglied der Gläsernen Kette, Paul Goesch, zum Ende erlitten hat – in einer Psychiatrie fiel der Architekt und Maler der Euthanasie zum Opfer. Über solche Einzelperspektiven von Gewicht hinaus bliebe außerdem fragwürdig, warum sich selbst ein verspäteter Architekturexpressionismus an Verstrickungen einiger vormaliger Exponenten im Folgejahrzehnt messen lassen sollte.[7] Doch ebenda führt ein Weg über den Vergleich von Dichtern und Architekten zurück zu einem zentralen Punkt: Dabei geht es nicht darum, individuelle ideologische Verirrungen weniger Kette-Teilnehmer auszubreiten, wie sie in der anfänglichen NSDAP-Mitgliedschaft der Luckhardt-Brüder zu sehen wären (die ein Berufsverbot für die beiden nicht abwendete). Vielmehr ist zu fragen, was Avantgarde-Architekten in den Jahren am Vorabend der Nazidiktatur hervor- und durchbrachten; verschärft durch die Verhältnisse stellt sich die Theorie-Praxis-Frage: Konnten Vertreter eines Architekturexpressionismus nur wirklich ungetrübt

6 Pehnt: *Architektur*, S. 206.

7 Einem solchen Versuch spricht Pehnt die Legitimation ab, was ihn aber nicht hindert, unter Einbezug von Entwürfen des Exilanten Bruno Taut einen Abschnitt seiner Auseinandersetzung mit Aufgriffen expressionistischer Architekturideen in der NS-Zeit mit ‚Die verdorbene Utopie' zu überschreiben. Vgl. ebd., S. 208 bzw. S. 206.

entwerfen, solange sie sich ausschließlich als Briefdichter oder Maler versuchten?
Wie aber ist die Gläserne Kette in ihrer Zeit zu verorten? Um die Entstehung der Gruppe – im Kern ein im November 1919 von Bruno Taut initiierter und schon nach einem guten Jahr wieder aufgelöster[8] Korrespondenzzirkel – rankt sich ein Narrativ, das eine historisch-phasenhafte Perspektive affirmiert. Ralph Musielski schreibt dazu:

> Nimmt man Taut beim Wort, so markiert das erste Rundschreiben der „Kette" eine Zäsur, die ein chronologisches Interpretationsmodell anbietet. Der aktivistischen, von der Räterepublik geprägten Phase des Tautschen ‚Schaffens' folgt Ende 1919 ein Rückzug von der Öffentlichkeit zum inneren Programm, zu logenhaften, geschlossenen Zusammenschlüssen, die wiederum wenige Jahre später angesichts des ökonomischen Aufschwungs und zunehmendem funktionalistisch-sachlichen Bauens aufgelöst werden.[9]

Mit einer in diesem Zitat bereits anklingenden Distanz zu solch einer (später oft fortgeschriebenen) ‚Autohistoriographie' erscheint die Gläserne Kette weniger idealistisch, stattdessen utilitär; sie wäre also vor allem ein exklusives bzw. bewusst als exklusiv markiertes Netzwerk gewesen. Seine Mitglieder hätten sich über eine Auftragsbaisse hinweg wechselseitig ihrer Innovationskraft versichert, sie spielerisch erprobt und angelegentlich Projektideen ausgestellt, um so auf dem ‚Markt der Planungsoptionen' sichtbar zu bleiben.[10] Aus dem zunächst als geheim deklarierten Brief- und Zeichnungsaustausch Texte und Entwürfe publik zu machen, wird im „März 1920"[11] zu Tauts erklärtem Ziel. Für geheimbündlerisches Tun war auch kaum

8 Zu *Kette*-Spezifika sowie wichtigen Hintergründen vgl. bündig: O. M. Ungers: O. T. In: *Die gläserne Kette. Visionäre Architekturen*, o. P. Im Katalog mit Ungers Überblick werden neben Beispielen aus dem Schriftteil der Kette-Korrespondenz auch solche des integralen bildnerisch-graphischen Teils vorgestellt. Zudem kommt darin mit Max Taut ein Ehemaliger der Gruppe zu Wort, die zuerst dreizehn, meist mit Decknamen diskutierende Architekten (und Maler) einschloss und zu der noch der Schriftsteller sowie Schöpfer des Zirkelnamens Arnold Brust hinzukam.

9 Musielski: *Baugespräche*, S. 123.

10 Statt von Sichtbarhalten bei schwieriger Auftragslage spricht Musielski Tauts Strategie als ein „inszenierte[s] ‚Nicht-Bauen-Können'" an und untermauert diese Sicht, indem er auf Tauts eigene Planertätigkeit in der Kette-Zeit und auf ein kalkuliertes doch *Öffentlich-Werden* (über Publikationen wie Tauts Zeitschrift *Frühlicht* oder im Rahmen einer Ausstellung) hinweist. Siehe ebd., S. 124.

11 Ulrich Schneider: *Hermann Finsterlin und die Architektur des Expressionismus*. Tübingen / Berlin: Wasmuth 1999, S. 29.

Grund, da vieles einer bekannten, zeittypischen Mischung aus Bauhütten-kommunistischen Gemeinschaftsidealen und der Feier vermeintlicher Naturseligkeit angehörte. Anderes lässt sich spezifischer nachweisen, wie es beispielgebend Ralph Musielski tut:[12] So kann auf die Rezeption naturphilosophemer Texte besonders Gustav Theodor Fechners, mithin auf das Streben nach Überwindung des Gestaltersubjekts und schließlich auf Leitmetaphern oft schon spiritistischen Gepräges abgestellt werden. Der Justierung steht allerdings sogleich die „programmatische Divergenz"[13] der Gruppe gegenüber; und mit Blick auf Konkretes dann wird es noch schwerer, ein geteiltes, konsistentes Kette-Programm[14] für Positionen zu erkennen, wie sie durch Hermann Finsterlin auf der einen Seite und Walter Gropius auf der anderen besetzt werden. Zwar zeigt Musielski, dass solche Polarisierungen den Aspekt der „Disparität" als einer gewünschten „Grundthematik der Korrespondenz"[15] zu wenig in Erwägung ziehen. Doch schon zwischen Vertretern, die organische Formen bevorzugen, tut sich Distanz auf. Das wird z. B. aus einer Formulierung Ulrich Schneiders deutlich, die gerade Parallelen zwischen den Kette-Mitgliedern Finsterlin und Scharoun zeigen will – Schneider schreibt vor dem Hintergrund eines konkreten Entwurfsprojektes von Hans Scharoun:

> Wenn auch der unmittelbare Zusammenhang zwischen Finsterlin und Scharoun in der gebauten Architektur nie mehr so direkt in Erscheinung tritt wie an diesem unausgeführten Wettbewerbsbeitrag [für einen Börsenhof in Königsberg; L. H.], findet in ihm dennoch eine Weichenstellung für einen [...] bedeutenden Teil des Scharounschen Schaffens statt, an dem Finsterlins architektonische Imaginationen der Jahre 1919 bis 1921 maßgeblich beteiligt sind.[16]

Wo nun, wie im Zitat, von Weichenstellungen die Rede ist, die an einem nicht realisierten Entwurf ablesbar werden, drängt trotz aller ‚Inspirationsarchäologie' eines unablässig nach vorn: der Abstand expressionistischer Imagination zur Praxis.

12 Vgl. Musielski: *Baugespräche*, insbes. S. 126–130.

13 Ebd., S. 124.

14 Pehnt bringt das konzeptionelle Defizit auf folgende Formel: „Die expressionistischen Architekten schufen Gefäße für Inhalte, die sie ersehnten, ohne sie benennen zu können." (Pehnt: *Architektur*, S. 208.)

15 Musielski: *Baugespräche*, S. 126.

16 Schneider: *Finsterlin*, S. 67.

Innerhalb des Kette-Briefwechsels spielt die Diskrepanz zwischen idealistisch-kühnem Entwurf und Umsetzungsnot naturgemäß keine Hauptrolle; die Freiheit vom Sachzwang wird z.T. gar angemahnt.[17] Bei allen ästhetisch-konzeptionellen Differenzen konnten im Sonderraum des Briefzirkels selbst ‚Rationalisten' visionieren. Mit Ausnahme vor allem Hermann Finsterlins beschränkt sich die kühn-avantgardistische Architektursprache jedoch im Kern auf diesen Raum. Sie diffundiert in Kompromisse und Unterordnungen, sobald es an die Realisierung von Bauprojekten geht.[18] Bei Bruno Taut geht sie tendenziell in einer neusachlichen, wiewohl sozial engagierten und innovativen Wohn- bzw. Zweckarchitektur auf. Dabei ähnelt Tauts Bewegung der Hans Poelzigs, wenn man dessen freie Szenographie für den Film mit der Kinoarchitektur kontrastiert: Poelzigs Kulissen zu Carl Böses und Paul Wegeners *Golem, wie er in die Welt kam* (1920) zeugen von expressiv-neogotischer Phantasie; sein Berliner Babylon-Kino (1928/29) fügt sich dagegen in die Nüchternheit neusachlicher Ordnung. Gewiss wäre modifizierend auf das in situ verlorene Raumprogramm für das Große Schauspielhaus in Berlin (1918/19) zu verweisen. Doch darin hat das Dekor eine Tragweite vergleichbar jener, die in Erich Mendelsohns Einsteinturm (1917–21) der Fassade zukommt: Deren Dynamismus verblendet skulptural, während die „Raumaufteilung der Zweckrationalität des rechten Winkels weitestgehend"[19] folgt. Expressionistische Architektur begnügt sich, wo sie nicht durch Materialmassen gedrängter und schmaler Ziegel in Rotbraun oder durch Spitzwinkligkeit Charakteristik gewinnt, mit einer Art ‚décor parlante'.

Ralph Musielski stellt in seiner Studie zum Thema dem älteren Begriff der *architecture parlante* den der *litterature architecturale* gegenüber.[20] Und der bei Musielski programmatische Hinweis auf die Bedeutung von Literatur und Schriftstellern im Diskurs der Kette-Architekten soll hier nicht fehlen, obwohl die Referenz auf den Autor der *Glasarchitektur* (1914), Paul Scheerbart, nicht nur längst zum Standard gehört,[21]

17 Vgl. Musielski: *Baugespräche*, S. 124.

18 Vgl. Ungers: O.T., o.P.

19 Schneider: *Finsterlin*, S. 66.

20 Vgl. Musielski: *Baugespräche*, S. 9.

21 Dass Scheerbart nicht nur als Autor von Texten eine Referenz war, sondern sogar punktuell als Zeichner erwähnt Pehnt: *Architektur*, S. 91.

sondern einzubeziehen hat, dass Scheerbart schon vier Jahre vor Gründung der Kette starb. Aktives Mitglied der Gruppe wiederum war ab 1920 der Schriftsteller Arnold Brust. Musielski zeichnet dessen Verbindungen zur Gruppe und Brusts zu dieser eingängig nach; wobei er diese Konstellation im Kontext seiner Studie als weiteren Teil eines produktiven Raums zwischen „Ausschweifung und Konkretion" markiert, wie es im Titel des letzten Untersuchungskapitels heißt. Mit dem Bild des Zwischenraumes allerdings wird unklarer, welche Disparität von Text und Bau sich gerade in Auseinandersetzung mit Brust abermals veranschaulicht, wenn Musielski selbst mit Blick auf dessen dramatische Schöpfungen zusammenfasst: „Komplexe Handlungsabläufe wie facettenreiche Charaktere entfalten Raum für eine jenseits jeglicher materieller Zweckökonomie liegende[] Passion".[22] Dies ‚Jenseits materieller Ökonomie' bzw. der weiter oben beispielhaft erwähnte Kontrast zwischen Zügen zur Rationalisierung im Prozess konkreter Bauplanung einerseits und dem (bau-)zweckentbundenen Schreiben und Skizzieren innerhalb der Kette-Gruppe andererseits wird hier nochmals aus der gleichsam komplementären, der nichtarchitektischen Perspektive beleuchtet, mit Fokus namentlich auf den Dramatiker Brust. Dessen Raumvisionen lassen mit ihren sakral-transzendenten Lichtgefügen eher an eine Sphärenbildung gotischer Obergadenzonen denken als an die Ziegelschwere nordeuropäischer Backsteingotizismen von Bauten, die man realiter dem Expressionismus zuordnet.

Kongruenzzonen zwischen poetischen Reinformeln der Expressivität und der Ausrichtung realer Bauwerke ließen sich freilich auch anderswo suchen: Dass das in der Kette-Korrespondenz signifikante bzw. „bekannte[] Vokabular Kristall, Kultbau, Kosmos"[23] beispielsweise eine größere Entsprechung in der Anthroposophischen Architektur Steiners bzw. Carl Schmid-Curtius' finden kann, dafür sammelt Pehnt anschauliche Argumente in Dornach;[24] Kultbau und kosmisch-spiritistische Bestimmung erscheinen evident angesichts tempelartiger Baukomplexe dort. Doch die Betonmassen wenigstens des zweiten Dornacher Goetheanums passen dann wieder nicht zum

22 Musielski: *Baugespräche*, S. 170–171.
23 Ebd., S. 172.
24 Pehnt: *Architektur*, S. 141–148.

luziden Kristallideal vor allem Tauts und der Brüder Luckhardt. Und, noch wichtiger in der Frage, was ein expressionistischer Architektenzirkel in Gebäude umzusetzen vermochte: Schmid-Curtius gehörte ebenso wenig zur Gläsernen Kette wie Steiner.

Abschließend zusammengefasst heißt das: Die expressiv-idealistischen Anwandlungen der Kette-Architekten blieben auf den eigentlichen Briefbund und seine wenigen Nebenaktivitäten beschränkt. Die Gestalterpraxis diesseits visionärer Skizzen tat sich trotz aller Inspiration (und auch Hybris) schlicht schwer mit expressionistisch-utopischer Verve. Überraschender als dieser Befund ist, dass dennoch einzelne Bauten (z.B. Scharouns Villen im Raum Berlin[25]) darin fundiert scheinen. Das verdient fraglos Beachtung[26] – gerade wegen einer ganz unlyrischen ‚Not zur Zweckgestaltung' in der Architektur. Was aber baulich in der begrenzten Breite des Expressionismus entstanden ist, muss gewiss nicht als Ertrag eines Bundes beansprucht werden. Ob es überhaupt Manifest-Konzeptionelles teilt, das über eine, wie schon eingangs angesprochen, mitunter divergente Formen- und Materialsprache hinausweist, das steht tatsächlich selbst im Umfeld der Gläsernen Kette auf einem anderen Blatt. Um nicht zu sagen: ausschließlich auf den Blättern der visionären Architekturkorrespondenz um 1920.

25 Vgl. Schneider: *Finsterlin*, S. 70.

26 Solche Beachtung steht in Kontrast zu Siegfried Giedions Leugnung eines expressionistischen Prägevermögens, das Pehnt mit Recht als ‚dekretistisch' kritisiert; vgl. Pehnt: *Architektur*, S. 8.

Im Schatten der Arkade

Italiens architektonischer Aufbruch ins 20. Jahrhundert zwischen Stillleben und urbaner Wirklichkeit[1]

Luigi Monzo

Charakteristisch für Italiens künstlerischen Weg in die Moderne ist eine im Vergleich zu Mitteleuropa verzögerte und zuweilen auch verzerrte Entwicklung. Davon zeugt bereits ein kurzer Blick auf die Künstlergruppen Corrente und Scuola Romana di via Cavour, die sich als Grundgerüst der in Italien eher marginalen expressionistischen Bewegung erst im späteren Verlauf der 1920er und 1930er Jahre bilden und keineswegs mehr den Einfluss auf die Architekturavantgarde entfalten können, den beispielsweise die Novembergruppe in Deutschland ausgeübt hat.[2] Die moderne italienische Architekturgeschichte verläuft anders; obwohl sie – wiederum verspätet – denselben Wunsch nach einem Ausweg aus der akademistischen Sackgasse entwickelt und die Entfremdung von tradierter Architektur und moderner Lebenswirklichkeit als zentrale Herausforderung erkennt, speist sie sich aus einer Mischung von Ansätzen, die sich erst in dem vom Faschismus forcierten Prozess zur Herstellung einer kulturellen Hegemonie zu einer konkreteren Vorstellung verdichten. Im Spannungsfeld von Tradition und Moderne, der Forderung nach einer nationalen, um Konsens und Vertrauen werbenden Architektur einerseits und einer progressiven, Handlungsfähigkeit und Fortschritt verkörpernden Modernität andererseits bahnt sich die mit einem reichen, aber bisweilen auch hinderlichen Bauerbe ausgestattete italienische Architektur ihren eigentümlichen Gang in die Gegenwart.

1 Dieser Text basiert auf einem Teilaspekt der vom Verfasser angefertigten Dissertation *croci e fasci – Der italienische Kirchenbau zwischen kirchlicher Erneuerungsdebatte und faschistischer Architekturpolitik, 1919–1945*, Karlsruher Institut für Technologie, voraussichtl. 2015.

2 Eine Ausnahme stellt freilich der Futurismus dar, der für kurze Zeit einen schlaglichtartigen und zudem international beachteten Schub im italienischen Kunstdiskurs freisetzt, der allerdings aufgrund seiner Radikalität fast ebenso schnell abklingt, wie er aufgetreten ist.

Rückkehr zur Ordnung

Im Mai 1921, also noch mehr als ein Jahr vor der Machtübernahme Mussolinis, jedoch bereits inmitten einer vom Nachkriegs-Nationalismus aufgeheizten Stimmung, setzt der junge Mailänder Architekt Giovanni Muzio die Leitplanken für Italiens architektonischen Aufbruch ins 20. Jahrhundert (*Novecento*). Mit frappierender Schärfe verurteilt er das heillose Durcheinander, das die Auswüchse referenzieller Architekturkolportagen in Italien angerichtet haben, postuliert aber zugleich die „Wiederherstellung eines Ordnungsprinzips, demzufolge die Architektur, als eminent soziale Kunst, in einem Land vor allem die Kontinuität ihrer stilistischen Elemente wahren" müsse, „um verbreitungsfähig zu sein und mit der Gesamtheit der Gebäude ein harmonisches und einheitliches Ganzes zu bilden."[3] Zu einem Zeitpunkt, an dem die italienische Architektur auf dem 1911 präsentierten Niveau des Vittoriano stagniert (Abb. 1), der international geformte Jugendstil in seiner italienischen Version allenfalls punktuelle Erfolge verbuchen kann und sich eine dezidiert technisch begründete Erneuerung dem technologisch rückständigen Land *per se* verschließt, ist es nicht verwunderlich, dass Giovanni Muzio das Heil einer zeitgemäßen italienischen Architektur in der organischen Verbindung von vertrauter Gestalt und sich veränderndem urbanem Gefüge erkennt – einer Verbindung, die gleichermaßen den Anforderungen einer allmählich modernisierten Gesellschaft genügt und der Architekturgeschichte des Landes ihre Kontinuität zurückgibt.[4] In der

3 Giovanni Muzio: L'architettura a Milano intorno all'Ottocento. In: *Emporium* 54 (1921), S. 258.

4 Wie ein Erweckungserlebnis wirkt die 1902 in Turin veranstaltete Esposizione d'Arte Decorativa Moderna, bei der internationale Größen der europäischen Avantgarde zumindest für einen kurzen Moment das Land aus der „Hypnose seines architektonischen Erbes reißen" (Terry Kirk: *The Architecture of Modern Italy*, Bd. 2: Visions of Utopia, 1900–Present. New York: Princeton Architectural Press 2005, S. 15). Der glamouröse Auftritt der Jugendstilbewegung bewirkt zwar die Herausbildung einer als ‚Stile Liberty' bezeichneten italienischen Version des floralen Stils, doch bleibt dieser ohne weitreichende Folgen auf die Wirkungskreise einzelner Architekten und Künstler beschränkt. Weit umfänglicher ist hingegen das von der Ausstellung induzierte Setting der zukünftigen Kunst- und Architekturdebatte, in der sich internationale Moderne und nationale Tradition begegnen. Giovanni Muzio, der in seiner Eigenschaft als Offizier nach Ende des Ersten Weltkriegs die Möglichkeit erhält, Frankreich, England und Deutschland zu bereisen, ist dabei einer der ersten italienischen Architekten, der den Horizont der italienischen Debatte erweitert. Vgl. ebd., S. 15–18, 69.

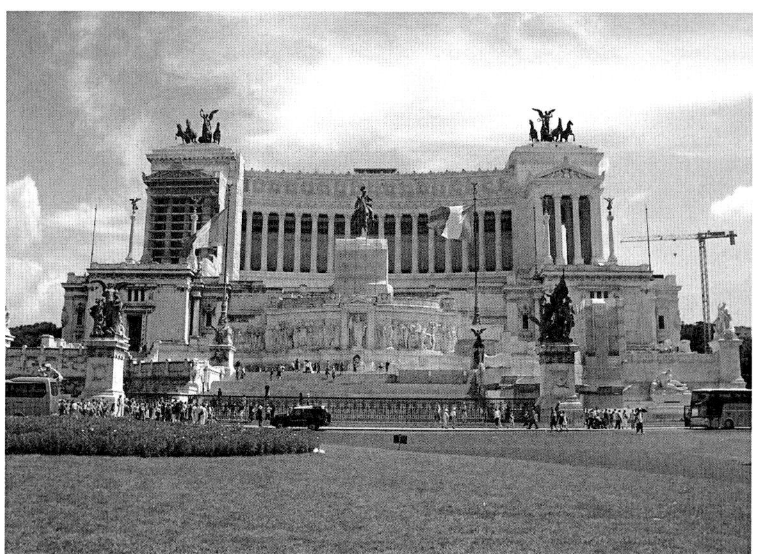

Abb. 1: Giuseppe Sacconi / Gaetano Koch / Pio Piacentini: Nationaldenkmal für Viktor Emanuel II (Vittoriano), Rom, 1885–1911.

kulturgeschichtlich plausiblen und zugleich zeitbezogenen Anknüpfung, wie sie bereits die von Margherita Sarfattis annähernd zeitgleich gegründeter Künstlerbewegung entlehnte Bezeichnung *Novecento* suggeriert, lässt sich das künstlerische und insbesondere architektonische Streben fokussieren, das sich im Italien der Zwischenkriegszeit zum Wegbereiter einer ‚anderen Moderne' entfaltet.[5]

5 Vgl. Maria Antonietta Crippa: L'"altra" modernità. Esplorazione di possibili significati. In: Marina Docci / Maria Grazia Turco (Hrsg.): *L'architettura dell'"altra" modernità. Atti del XXVI congresso di storia dell'architettura. Roma, 11–13 aprile 2007*. Rom: Gangemi 2010, S. 18–25. Die faschistische Intellektuelle und Weggefährtin Mussolinis Margherita Sarfatti hat eine im faschistischen Sinn gedeutete kulturalistische Argumentation mit dem Mythosbegriff der *romanità* wesentlich beeinflusst. Mit ihrer Mussolini-Biografie *Dux* (1926) und zahlreichen Artikeln, u. a. in der von ihr herausgegebenen polittheoretischen Zeitschrift *Gerarchia*, leistet sie jedenfalls einen gewichtigen Beitrag zur Herausbildung und Etablierung eines traditionsbezogenen und zugleich modernen faschistischen Kunstverständnisses und bildet damit auch die Grundlage für das Konzept eines kulturgeschichtlich verankerten Novecento. Vgl. Alberto De Bernardi / Scipione Guarracino (Hrsg.): *Dizionario del fascismo*. Mailand: Bruno Mondadori 2003, S. 166–167.

Studi Comuni

Die konkrete Voraussetzung für Mailands herausragende Rolle im italienischen Architekturdiskurs der Zwischenkriegszeit bildet die Erfahrung der *studi comuni*. Bereits nach ihrer Rückkehr aus dem Ersten Weltkrieg beginnen die jungen lombardischen Architekten Alberto Alpago Novello, Ottavio Cabiati und Guido Ferrazza ihre Zusammenarbeit; nur kurze Zeit später (1920) gründet Muzio gemeinsam mit Mino Fiocchi, Gio Ponti, Emilio Lancia und dem Loos-Schüler Giuseppe De Finetti ein Architekturbüro in der Via Sant'Orsola in Mailand.[6] Beide Büros unterscheiden sich von der gängigen Praxis durch ihre kollaborative Arbeitsweise und die Ausdifferenzierung ihrer planerischen Tätigkeit. Zudem offenbart ihre kulturgeschichtlich geschärfte Sensibilität gegenüber den Fragestellungen modernen Städtebaus ein bislang kaum anzutreffendes organisches Interesse am urbanen Gefüge und damit am unmittelbaren Kontext städtischer Architektur.[7] Ein Anliegen, mit dem sie den programmatischen

6 Hinzu kommen Tomaso Buzzi, Ambrogio Gadola, Michele Marelli, Alessandro Minali, Ferdinando Reggiori und Gigiotti Zanini. Zur zentralen Figur avanciert der in den 1920er Jahren überaus erfolgreiche Muzio, der auch jüngeren und radikaleren lombardischen Architekten wie Giuseppe Terragni ein Vorbild ist; vgl. Antonio Saggio: *Giuseppe Terragni. Vita e opere*. Rom / Bari: Laterza 2011, S. 12–13. Die Architekten um Muzio beginnen ihre Studien etwa zu der Zeit, da Alpago Novello, Cabiati und Ferrazza ihre Abschlüsse erlangen. Dabei profitieren sie von der progressiven Lehre an der seinerzeit einzigartigen Scuola Speciale di Architettura am Mailänder Polytechnikum. Ferner ist zu bedenken, dass die Protagonisten des Novecento in den 1880er und 1890er Jahren geboren werden und den Weltkrieg als einen Einschnitt erleben, der sich wie eine Denkpause zwischen ihre Ausbildung und den Beginn ihrer Praxis legt; die Generation der Rationalisten um Terragni, Libera, Pollini etc. wird hingegen im ersten Jahrzehnt des 20. Jh. geboren, weshalb sie den Krieg als Ausgangspunkt für etwas gänzlich Neues annehmen kann. Der Übergang vom Stilpluralismus der 1920er Jahre zur ephemeren Hoch-Zeit des Razionalismo lässt sich folglich auch demografisch beschreiben. Entscheidend bleibt jedoch der kulturelle Unterschied zwischen einer noch im Geiste des 19. Jh. gebildeten und durch den Einschnitt des Krieges flexibilisierten Generation und der programmatischen Radikalität der Nachgeborenen. Vgl. Andrea Bona: Città e architettura a Milano da Novecento al razionalismo, 1921–33. In: Giorgio Ciucci / Giorgio Muratore (Hrsg.): *Storia dell'architettura italiana. Il primo novecento*. Mailand: Mondadori Electa 2004, S. 126–161, hier S. 128; Paolo Nicoloso: *Gli architetti di Mussolini. Scuole e sindacato, architetti e massoni, professori e politici negli anni del regime*. Mailand: Angeli 2004, S. 105–113.

7 Damit folgen die Mailänder Architekten zum Teil der Städtebautheorie Gustavo Giovannonis. Dieser entwickelt am Projekt für die Neugestaltung des römischen Stadtquartiers Rinascimento (1913) ein Konzept, das darauf abzielt, die historische Stadt zu modernisieren, ohne dabei die Kontinuität zwischen Vergangenheit und Gegenwart zu zerstören. Von zentraler Bedeutung ist daher die Kontextualität

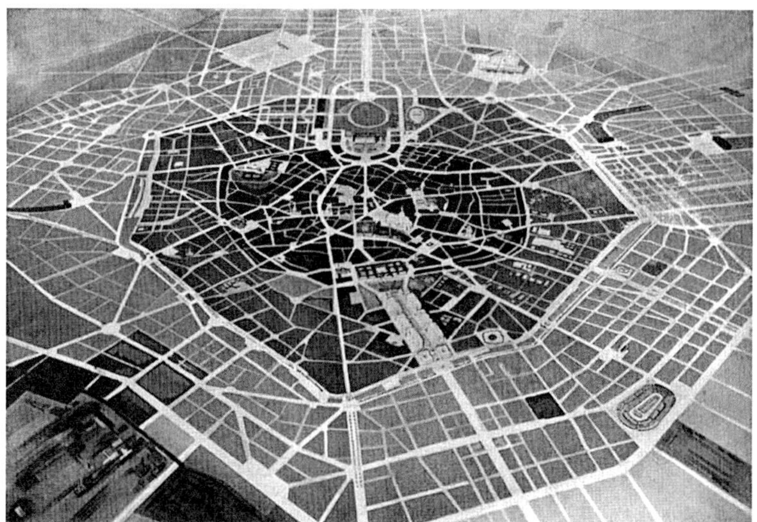

Abb. 2: Club degli Urbanisti: *Forma Urbis Mediolani*, 1926. Beitrag zum Wettbewerb für den neuen Mailänder Stadtentwicklungsplan, 2. Platz.

Wunsch nach gestalterischer Klarheit und typologischer Authentizität verbinden.

Zu einer ersten Annäherung beider Gruppen kommt es im Umfeld der Associazione fra i Cultori di Architettura; sie mündet 1924 unter dem Eindruck des von De Finetti ins Leben gerufenen Club degli Urbanisti in die Zusammenlegung der beiden Büros. In zahlreichen

städtebaulicher und architektonischer Eingriffe. Durch behutsam ausdünnende und ordnende Eingriffe in die historische Bausubstanz (*diradamento*) soll die Ausgangslage für eine mit dem ‚Ambiente' harmonierende strukturelle und gestalterische Modernisierung geschaffen werden. Das urbane Gewebe soll nicht durch einzelne isoliert konzipierte Großprojekte bruchstückhaft deformiert werden, sondern muss als ein im Ganzen zu betrachtendes Ensemble verstanden werden, an dem nur unter Einbeziehung der Gegebenheiten angemessen weitergearbeitet werden kann. Das architektonische und städtebauliche Erbe wird dabei nicht negiert, sondern als Substrat der eigenen entwerferischen Tätigkeit anerkannt. Giovannonis Theorie bildet in Italien den Grundstock für die akademische Disziplin der Urbanistik; von den Mailänder Novecentisten wird sie als essenzielle technische Weitung des Architekturbegriffs aufgenommen. Vgl. Alberto Alpago Novello: Novità edilizie a Milano. In: *Dedalo* 11 (1930/31), S. 846; Gustavo Giovannoni: Vecchie città ed edilizia nuova. In: *Nuova Antologia di lettere, scienze ed arti* 48,5–6 (1913), S. 449–472; Gustavo Giovannoni: Il ‘diradamento' edilizio dei vecchi centri. Il quartiere della Rinascenza in Roma. In: *Nuova Antologia di lettere, scienze ed arti* 48,997 (1913), S. 53–76.

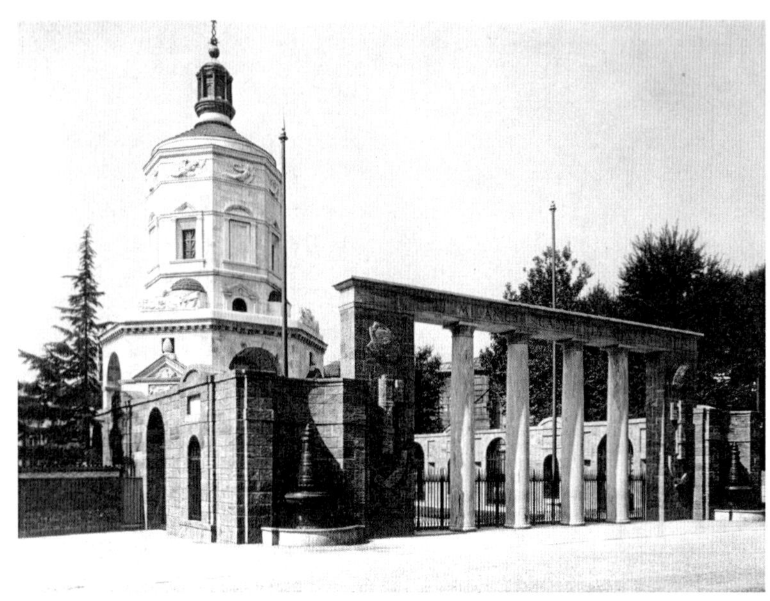

Abb. 3: Giovanni Muzio / Alberto Alpago Novello / Tomaso Buzzi / Ottavio Cabiati / Gio Ponti: Tempio della Vittoria, Mailand, 1926–1930.

Ausstellungen und Publikationen sowie den großen kollektiven Projekten für den Mailänder Stadtentwicklungsplan (Forma Urbis Mediolani, 1926) und das zentrale Gefallenendenkmal (Tempio della Vittoria, 1926) engagieren sie sich für die Überwindung des in Dekadenz verfallenen, willkürlichen und selbstgefälligen Individualismus der Jahrhundertwende (Abb. 2 / 3). Demnach sei es ebenso vergeblich wie unnatürlich, dem alten Glanz italienischer Blüte nachzuhängen und überkommene Stileme wiederkehrend aufzubereiten als auch auf ausländische Moden zu vertrauen, die sich von der italienischen Kulturhegemonie vergangener Jahrhunderte zu lösen suchten.[8] Eindringlich formuliert Muzio eine über die individualistisch-willkürliche Ausübung des Berufes hinausgehende „Gemeinsamkeit des Empfindens“[9], die die professionale Verknüpfung der bislang beruflich geschiedenen Technik (Ingenieur) und Dekoration (Architekturzeichner) im Sinne eines umfassend gebildeten, geistig offenen und

8 Vgl. Giovanni Muzio: Alcuni architetti d'oggi in Lombardia. In: *Dedalo* 11 (1930/31), S. 1082–1120, hier S. 1092.

9 Ebd., S. 1086.

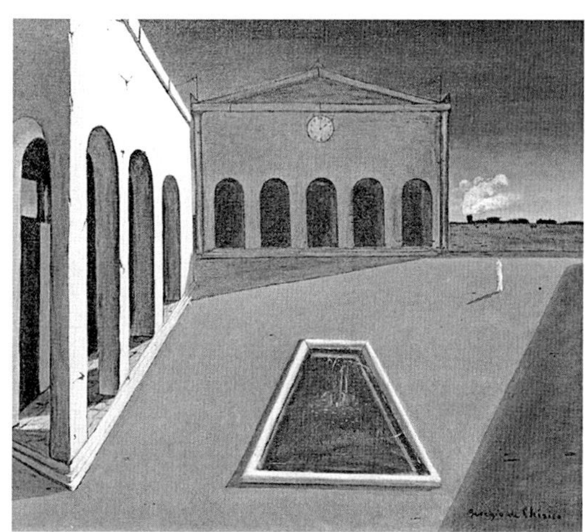

Abb. 4
Giorgio De Chirico:
I piaceri del poeta
(Die Freuden des
Dichters), 1912.

zur disziplinierten Zusammenarbeit bereiten Künstler-Architekten fordert. Damit gewinnt die von Muzio ausgegebene Rückkehr zur Ordnung für die Architekten der *studi comuni* eine doppelte Bedeutung: Im Gegenlicht zum radikalen Bruch der Futuristen steht sie für einen humanistisch verankerten und kreativ verstandenen Bezug zur Geschichte, während sie im Hinblick auf die Veränderungen der Massengesellschaft und Industrialisierung die Rückkehr des konstruktiven und funktionalen Imperativs impliziert.

Italianità und modernità

Entscheidend für die Herausbildung eines architektonischen Novecento, das vor seiner Verallgemeinerung durch den von der faschistischen Architekturpolitik konditionierten Architekturdiskurs zunächst ein regional geformtes Novecento Milanese ist, ist die metaphysische Strömung der Novecento-Malerei (*Pittura metafisica*).[10] Die vor allem

10 Die Verbindung der Novecento-Architekten zur künstlerischen Novecento-Bewegung wird heute allerdings kontrovers diskutiert; laut Giorgio Ciucci macht die isolierte Betrachtung ihrer Protagonisten deutlich, dass diese keineswegs direkt auf die Kunst und Programmatik der Novecentisten zurückgegriffen hätten; andererseits lässt sich, wie Annegret Burg verdeutlicht hat, aufgrund ihrer gemeinsamen Bezüge eine formale und ideologische Nähe nicht gänzlich bestreiten. Vgl. Annegret Burg: *Stadtarchitektur Mailand 1920–1940. Die Bewegung des Novecento Milanese um Giovanni Muzio und Giuseppe de Finetti.* Basel / Berlin / Boston: Birkhäuser 1992; Giorgio Ciucc: *Gli architetti e il fascismo. Architettura e città 1922–1944.* Turin: Einaudi ²2005 [1989], S. 65–69.

von Giorgio De Chirico und Carlo Carrà vertretene Kunst richtet den Fokus auf die moderne Lebenswelt, indem sie durch einen modernen Klassizismus ewiger und absoluter Formen deren Elementarität und Universalität zelebriert. Anders als die Futuristen, die im Beschwören einer dynamischen Unruhe den Geist der Zeit in Industrie und Technik zu erkennen glauben, sucht De Chirico eine Verbindung zur Romantik einer vermeintlich verlorenen vorindustriellen Zeit, indem er die Zeichen der Zeit – Eisenbahn, Uhrwerk und Ähnliches – im Schatten entrückter Arkaden erstarren lässt (Abb. 4). Das blanke Wirken archaischer Formen evoziert eine verständliche und begreifbare Interpretation der modernen Lebenswelt, die in ihrem Idealismus über das menschliche Maß hinauswachsend ein metaphysisches Universum eröffnet, das als Labsal des von bislang ungeahnter Geschwindigkeit getriebenen, kulturell entwurzelten Menschen dienen kann.

Dem futuristischen Mythos von Aufbruch und Fortschritt wird der Mythos der Identität, der kulturgeschichtlichen Verankerung entgegengesetzt. Dass De Chirico mit seiner Malerei auch einen neuen Sinn der *italianità* offeriert, fällt vor dem Hintergrund des populären Mythos der Nation gerade in den reiferen Werken der Novecento-Architekten auf fruchtbaren Boden. So scheinen diese beinahe den urbanen Szenarien der metaphysischen Malerei entsprungen zu sein. Damit gerät das Novecento in architektonischer Hinsicht unweigerlich auch in Gegenposition zum sich etwas später um den Gruppo 7 herausbildenden Razionalismo, der mit seiner radikalen Konzeption dem Futurismus weit näher steht als die vergleichsweise arkadische Romantik der Novecentisten. Grundsätzlich stehen sich der dynamische, von den Novecentisten als entwurzelt kritisierte Razionalismo und das auf Werte der Beständigkeit und Historizität basierende, im Kern jedoch nie ganz von Eklektizismen befreite Novecento antagonistisch gegenüber. Bekanntlich ist es kein geringerer als Edoardo Persico, der die Novecentisten mit gewohnt scharfer Rhetorik als „Epigonen eines pseudoklassizistischen Akademismus" etikettiert.[11] Gleichwohl steht außer Frage, dass es bei der Architektur

11 Edoardo Persico zit. n. Giancarlo Polo (Hrsg.): *Edoardo Persico. Die Freiheit des Geistes. Architekturkritik im faschistischen Italien.* Basel / Berlin / Boston: Birkhäuser 1993, S. 15.

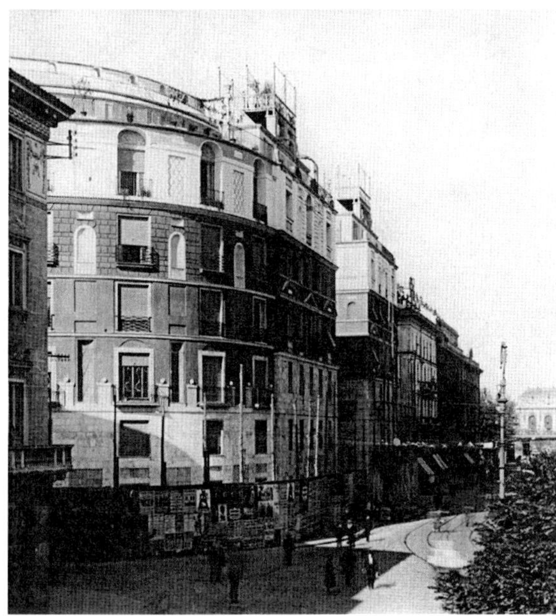

Abb. 5
Giovanni Muzio: Appartementhaus in der Via Moscova (Ca' Brütta), Mailand, 1922.

des Novecento nicht um eine klassizistische Spielart historisierender beziehungsweise eklektischer Tendenzen geht. Da sie in stilistischer wie handwerklicher Hinsicht für eine stark abstrahierende und akademisch gelöste Rückbesinnung steht und sich bereitwillig die Errungenschaften der Gegenwart zu eigen macht, um bessere Wohn- und Lebensbedingungen zu schaffen und der urbanen Wirklichkeit einer modernen Stadt entgegenzukommen, generiert sie die ersten greifbaren Ansätze für umfänglichere Reformen im italienischen Architekturpanorama.

Hässliche Häuser und neue Kirchen

Die erste Gelegenheit einer Umsetzung bietet sich den Mailänder Architekten, als Giovanni Muzio zu Beginn der 1920er Jahre dem bereits im Bau befindlichen Wohnungsbauprojekt in der Via Moscova ‚etwas Flair' verleihen soll (Abb. 5). Muzio nutzt die vorgefundene Stahlbetonkonstruktion für ein mit ungewöhnlicher gestalterischer Freiheit arrangiertes dekoratives System, das sich spielerisch den starren Banden akademischer Repetition entwindet, ohne jedoch seine Beziehung zur italienischen Kulturtradition aufzugeben. Das in der

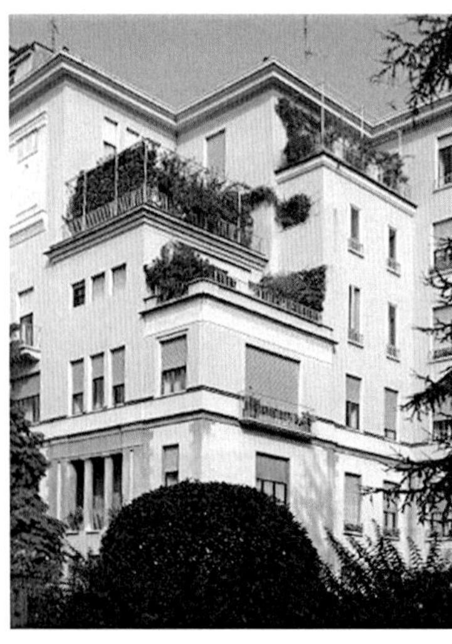

Abb. 6
Giuseppe De Finetti:
Casa della Meridiana,
Mailand, 1924–25.

Folge zum „Leitbau des Novecento“[12] stilisierte Haus trifft jedoch trotz seiner Referenzen auf die Abneigung des Mailänder Publikums und wird kurzum als Ca’ Brütta – hässliches Haus – tituliert. Demgegenüber markiert De Finettis 1925 fertiggestellte Casa della Meridiana mit ihrer funktionalen Klarheit und formalen Strenge einen weit weniger dekorativ ausgerichteten, aber dennoch repräsentativen Stadthaustyp (Abb. 6). Dieser verschmilzt in seinen ausgeklügelten Raumfolgen und stadträumlich reizvollen Baukörperstaffelungen die Qualitäten freistehender Herrenhäuser mit der Größe städtischer Palazzi und fügt sich zugleich in die Effizienzforderungen des städtischen Nexus.[13] Beide Bauwerke beschreiben frühzeitig die Bandbreite, in der sich die Architektur der Mailänder Novecentisten bewegen wird. Indem sie einerseits zu einem stark abstrahierten Formenvokabular tendiert – wie es schließlich von Muzio im Palazzo dell’Arte, dem ersten modernen Museum des Landes, perfektioniert wird – und andererseits als „abgeschminkter Klassizismus“[14] die stilistische

12 Vgl. Klaus Tragbar: ‚Romanità‘, ‚italianità‘, ‚ambientismo‘. Kontinuität und Rückbesinnung in der italienischen Moderne. In: *Bericht über die 42. Tagung für Ausgrabungswissenschaft und Bauforschung*. Bonn: Habelt 2004, S. 72–83, hier S. 75.

13 Vgl. Gaetano Minnucci: La casa della Meridiana in Milano dell’architetto Giuseppe De Finetti. In: *Architettura e arti decorative* 6,8 (1927), S. 373–380.

14 Vgl. Ulrich Pfammatter: *Moderne und Macht. Italienische Architekten 1927–1942.* Braunschweig: Vieweg [2]1996 [1990], S. 36–39.

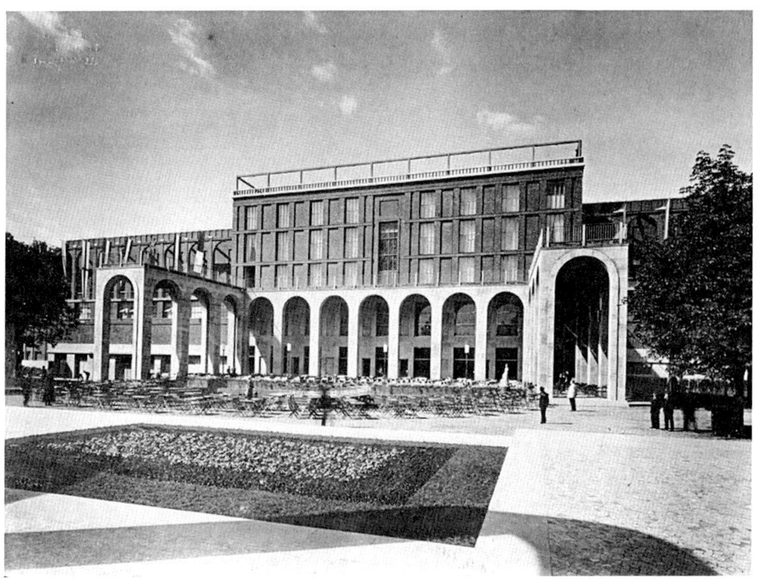

Abb. 7: Giovanni Muzio: Palazzo dell'Arte, Mailand, 1932–33.

Ausgangslage für den maßgeblich von Marcello Piacentini beeinflussten Staatsmonumentalismus römischer Prägung bildet, projiziert sie die zukünftige Entwicklung zu einer italienischen Kompromissarchitektur (Abb. 7), einer Architektur folglich, in der sich sowohl die Vertreter der Kontinuität als auch die der Radikalität zurechtfinden können, um letztlich in der erklärten Suche nach einer modernen italienischen Architekturtradition voranzukommen.[15]

Dabei sind es aber gerade die bislang kaum beachteten und seinerzeit inmitten glamouröser staatlicher und funktional neuartiger Bauvorhaben in der Wahrnehmung zurückgestuften Kirchenbauten, die den Anspruch der Novecentisten an einen zeitgemäßen architektonischen Ausdruck unterstreichen.[16] So offenbaren insbesondere die

15 Vgl. Margherita Sarfatti: Architettura moderna. In: *La Lettura* 31 (1931), S. 597.

16 Die Mailänder Architekten, sowohl die progressiven Kräfte der *studi comuni* als auch ihre Epigonen, profitieren dabei von einem von der Diözese aufgelegten Bauprogramm, das in den 1930er Jahren den Wunsch der Kirche nach einem zeitgemäßen Kirchenbau in neue Bahnen lenkt. Vgl. Comitato per i nuovi templi (Hrsg.): *Un urgente problema della più grande Milano*. Mailand: Tipografia Esperia 1939.

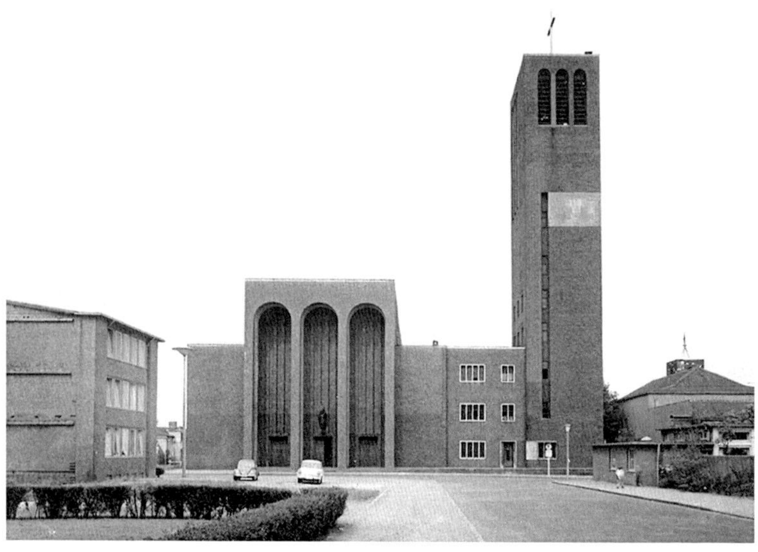

Abb. 8: Emil Fahrenkamp: St. Mariä Geburt, Mühlheim an der Ruhr, 1928–29.

für den lombardischen Raum stilbildend wirkenden Kirchenbauten führender Novecentisten wie Muzio, Cabiati und Marelli eine abseits des Radikalismus entwickelte, vielschichtige und in ihrem Grad der Vereinfachung und Rationalisierung durchaus moderne Monumentalität. In ihren Bauwerken und Entwürfen bringen sie eine der Romanik vergleichbare Schwere und Plastizität additiv komponierter Grundkörper hervor, die zugleich zeitversetzte Bezüge zum Expressionismus mitteleuropäischer Ziegelsteinarchitektur offenbart. Mit wirkungsvollen, belebenden Strukturierungen durch abwechselnd zurückgesetzte, feinmaßstäbliche Ziegelsteinschichten und bandartig verwendeten hellen Naturstein wird ein mit dem lombardo-romanischen Bauerbe verbundenes Formenvokabular geschaffen, das sich – regional angepasst – für eine vermittelnde Architekturformel nutzen lässt. Ähnlich wie in Herkommers Frauenfriedenskirche in Frankfurt am Main, Fahrenkamps St. Mariä Geburt in Mülheim an der Ruhr (Abb. 8) und Böhms Kölner Krankenhaus-Kirche St. Elisabeth – allesamt von Piacentini 1930 in Italien bekannt gemachte Arbeiten und in seinem wegweisenden neuen Entwurf für die Kirche Cristo Re in

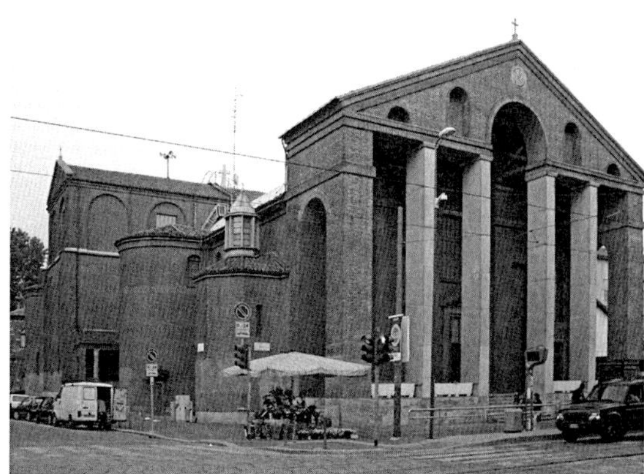

Abb. 9
Giovanni Muzio:
S. Maria Annunciata
in Chiesa Rossa,
Mailand, 1932.

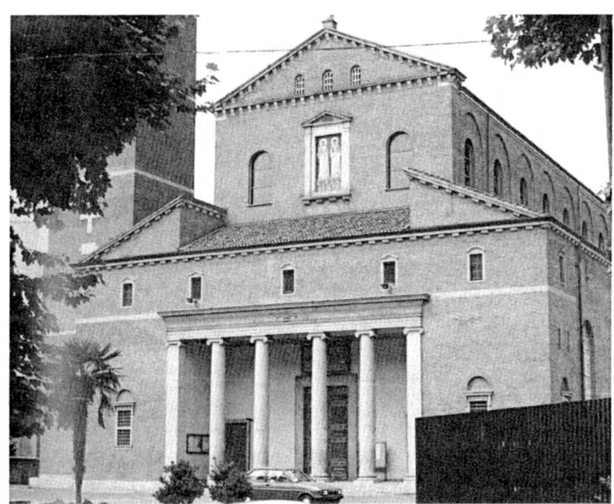

Abb. 10
Ottavio Cabiati:
SS. Filippo e
Giacomo,
Giussano, 1927–32.

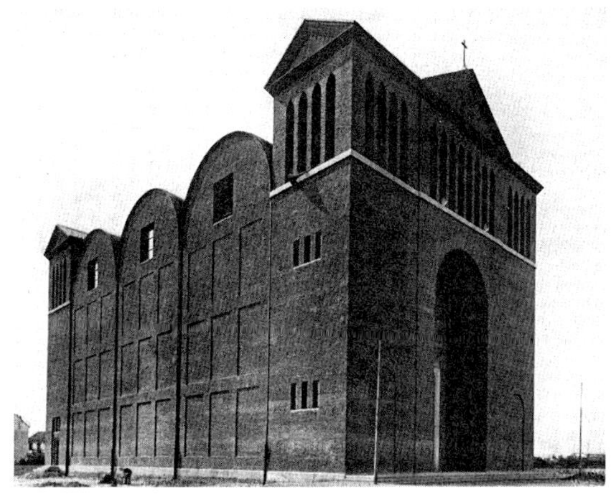

Abb. 11
Michele Marelli:
S. Elena,
Mailand, 1936–40.

Rom verarbeitet[17] – lässt sich eine ausdrucksvolle Kontrastierung der gegliederten Körperhaftigkeit ebenso wiederfinden wie die wuchtig-trutzige Wirkung eines mittelalterlichen Bollwerks. Diesbezüglich veranschaulichen gerade Muzios feingliedrige Portiken mit Serliana-Variationen, Cabiatis einfühlsamer *recupero* frühchristlicher Modelle und Marellis kontrastreiche Kirche S. Elena beispielhaft den assoziativen Charakter der Mailänder Novecento-Architektur und dessen „expressive Qualität"[18] (Abb. 9–11). Dabei wird deutlich, dass die italienische Architektur der Zwischenkriegszeit trotz ihrer vom Faschismus akzentuierten nationalistischen Konnotation keineswegs frei von internationalen Bezügen ist. Gerade die Analogien im Umgang mit der Thematik eines zeitgemäßen Kirchenbaus verweisen auf einen breiter angelegten Zusammenhang, als die Rekursmuster der *italianità* und *romanità* vermuten lassen.

17 Vgl. P. Ma. [Marcello Piacentini]: Esempi di architettura religiosa in Germania. In: *Architettura* 11 (1932), S. 413–421. Zur Kirche Cristo Re vgl. Luigi Monzo: trasformismo architettonico. Piacentinis Kirche Sacro Cuore di Cristo Re in Rom im Kontext der kirchenbaulichen Erneuerung im faschistischen Italien. In: *Kunst und Politik. Jahrbuch der Guernica-Gesellschaft* 15 (2013), S. 83–100.

18 Piacentini: Esempi di architettura religiosa in Germania, S. 413.

Künstlerkreise im Bereich der Bildenden Kunst

Im Banne von Paris

August Macke und die Rheinischen Expressionisten

Nicole Hartje-Grave

Abseits der tonangebenden Kultur- und Kunstmetropolen Dresden, München und Berlin und deutlich später als die Künstlervereinigungen der Brücke und des Blauen Reiter formierte sich auch im Westen Deutschlands, in Köln und im nahegelegenen Bonn am Rhein, zwischen 1910 und 1914 eine Gruppe gleichgesinnter Künstlerfreunde, die nach ihrer ersten gemeinsamen Ausstellung 1913 als Rheinische Expressionisten in Erscheinung traten.[1] In den Jahren vor dem Ersten Weltkrieg hatte August Macke (Abb. 1) als zentrale Gestalt der Gruppe etwa fünfzehn Künstler um sich versammelt, die durch ihre Kontakte nach München, Berlin, Wien und nach Paris und durch ihre oftmals engen Beziehungen zu Museumsleuten, Sammlern, Kritikern und Händlern eine vielseitig geprägte und lockere, aber künstlerisch gemeinschaftlich orientierte Gruppierung bildeten. Ohne ein öffentlichkeitswirksames gemeinsames Programm und Aufsehen erregende Ausstellungen sollten die Rheinischen Expressionisten dennoch bald im Brennpunkt der Moderne stehen und entscheidenden Einfluss auf die Entwicklung des deutschen Expressionismus nehmen.

Die Bezeichnung „Rheinische Expressionisten" geht auf die wichtigste gemeinsame Ausstellung der Gruppe zurück, die vom 10. Juli bis zum 10. August 1913 im Buch- und Kunstsalon Friedrich Cohen in Bonn stattfand und die Werke von sechzehn Künstlern vereinte: Heinrich Campendonk, Max Ernst, Ernst Moritz Engert, Otto Feldmann, Franz S. Henseler, Franz M. Jansen, Joseph Kölschbach, August Macke, Helmuth Macke, Carlo Mense, Marie von

1 Siehe grundlegend zum Rheinischen Expressionismus folgende Kataloge: Joachim Heusinger von Waldegg: Zur kunsthistorischen Einordnung des Rheinischen Expressionismus. In: Ders.: *Die Rheinischen Expressionisten. August Macke und seine Malerfreunde.* Ausstellungskatalog Städtisches Kunstmuseum Bonn / Kaiser Wilhelm Museum Krefeld / Von der Heydt-Museum Wuppertal. Recklinghausen: Bongers 1979, S. 5–31; Andreas Gabelmann: Die rheinische Avantgarde bis 1914. In: Magdalena M. Moeller (Hrsg.): *August Macke und die Rheinischen Expressionisten. Werke aus dem Kunstmuseum Bonn und anderen Sammlungen.* Ausstellungskatalog Brücke-Museum Berlin / Kunsthalle Tübingen. München: Hirmer 2002, S. 19–37.

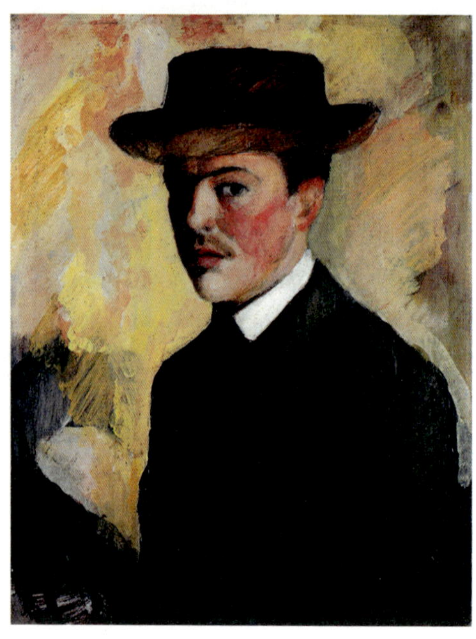

Abb. 1
August Macke:
Selbstbildnis mit Hut, 1909.
Öl auf Holz, 41 x 32,5 cm.
Kunstmuseum Bonn,
Leihgabe aus Privatbesitz.

Malachowski-Nauen, Heinrich Nauen, Olga Oppenheimer, Paul Adolf Seehaus, William Straube und Hans Thuar. Die Ausstellung kam zustande, weil die Maler im Sommer 1913 alle einen etwa gleichen künstlerischen Entwicklungsstand erreicht hatten und sich durch die vorausgegangene kleine Künstlerkolonie auch miteinander verbunden fühlten. Schon im darauffolgenden Jahr gingen einige von ihnen künstlerisch eigene Wege.
Die wichtigste Gemeinsamkeit markiert die bei praktisch allen Rheinischen Expressionisten zu beobachtende starke Orientierung an den Stilströmungen der französischen Moderne.[2] Die intensive Auseinandersetzung mit den aus Paris ausstrahlenden Tendenzen und Neuerungen, mit Impressionismus, Fauvismus, Kubismus und vor allem mit Robert Delaunay, stellten die Weichen und lieferten immer neue Impulse für die Genese der rheinischen Variante des Expressionismus. Nicht nur geographisch bestand die Nähe des Rheinlandes zu Frankreich; auch in der geistig-künstlerischen Grundhaltung war eine Affinität zur französischen Kunst festzustellen.

2 Zum Einfluss der französischen Malerei siehe ausführlich Gabelmann: Die rheinische Avantgarde bis 1914, S. 30–33.

Für die Entwicklungsgeschichte des Rheinischen Expressionismus waren die Gründung des Sonderbundes 1908 in Düsseldorf und die Aktivitäten der Cölner Secession und des Gereonclubs 1911 in Köln von zentraler Bedeutung. Getragen vom Organisationstalent, dem Engagement und den guten Kontakten August Mackes waren die jungen, fortschrittlichen Künstler des Rheinlandes in der Lage, im Westen von Deutschland für kurze Zeit ein drittes Zentrum der Moderne zu etablieren.

Der „Rheinische Kunstfrühling" – Sonderbund und Gereonsclub als Signale des Aufbruchs

Die Entstehung des Rheinischen Expressionismus liegt in den Emanzipationsbestrebungen einer jungen Künstlergeneration zu Beginn des Jahrhunderts begründet, die sich, wie zuvor schon in Dresden und München, von akademischen Abhängigkeiten zu befreien suchte und sich in sezessionistischen Verbänden vereinte. Die Aufgeschlossenheit im Rheinland gegenüber der Moderne hatte verschiedene Gründe: Sie wurde durch die wachsende Industrialisierung und die zunehmenden internationalen, vor allem französischen Kontakte dieser Region begünstigt, die eine entscheidende Erweiterung des Horizonts zur Folge hatten. Unterschwellig spielte auch die Reaktion der sich immer als selbstständig fühlenden Rheinlande auf die Bevormundung aus Berlin eine Rolle. Ebenso wichtig war die Entwicklung von Bonn, das zusammen mit Charlottenburg und Wiesbaden zu den reichsten Städten Preußens zählte und durch die Gründung der Preußischen Rhein-Universität Professoren und wohlhabende Rentiers anzog, die das kulturelle Leben der Stadt erblühen ließen.[3]

August Macke, Carlo Mense, Heinrich Nauen, Hans Thuar und Joseph Kölschbach hatten nach einem kurzen Studium an der Düsseldorfer Kunstakademie, unzufrieden mit den Normen und Zielen des Kunstbetriebs, die Kunstschule verlassen, um sich neue, der Zeit entsprechende Anforderungen zu suchen. Bei der Suche nach Orientierungsmöglichkeiten stießen sie auf regionaler Ebene auf die Ausstellungen des „Sonderbundes westdeutscher Kunstfreunde und Künstler" – so der offizielle Titel der Vereinigung, die seit 1908 aus

3 Die kulturelle Entwicklung des Rheinlandes beschreibt Heusinger von Waldegg: Zur kunsthistorischen Einordnung des Rheinischen Expressionismus, S. 7–10.

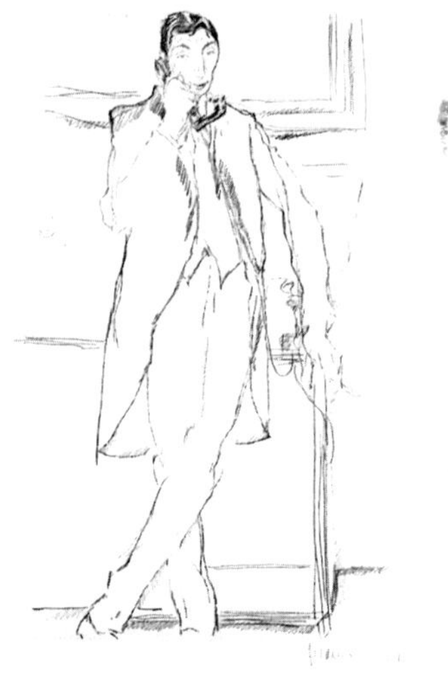

Abb. 2
Otto Feldmann:
Herr am Telefon (Flechtheim), 1911.
Bleistift auf Papier, 32,7 x 21 cm.
Museum Ludwig, Köln.

lokalen Anfängen heraus immer stärker in den Dialog mit der zeitgenössischen französischen Kunst eintrat.[4] Der Sonderbund wurde rasch zum führenden Sammelbecken und Anlaufpunkt fortschrittlichster Künstler und Kulturschaffender, darunter Maler, Bildhauer, Sammler und Museumsleiter. Unter seinem Wirken avancierte das Rheinland zu einem Zentrum des modernen Kunstbetriebs vor 1914.[5] Als erster Vorsitzender des Verbandes agierte der Hagener Museumsleiter Karl Ernst Osthaus; Schatzmeister des Vorstandes war hingegen der rührige Düsseldorfer Sammler und Galerist Alfred Flechtheim (Abb. 2), der seine ausgezeichneten Kontakte nach Paris für die Einbindung der französischen Künstler nutzte. Seine Orientierung an der französischen Kunst bekundete der Sonderbund darüber hinaus durch die Mitgliedschaft zahlreicher Hauptvertreter der französischen Moderne, zu denen Pierre Bonnard, Maurice Denis, Felix

4 Zur Entwicklung des „Sonderbundes" und seiner Bedeutung für die Rheinischen Expressionisten vgl. ausführlich Heusinger von Waldegg: Zur kunsthistorischen Einordnung des Rheinischen Expressionismus, S. 7–8; Gabelmann: Die rheinische Avantgarde bis 1914, S. 22–23.

5 Zur Geschichte des „Sonderbundes" siehe Ekaterini Kepetzis: „Am besten wäre die Sache und künstlerisch am stärksten, wenn wir nur zu fünfen wären". August Deusser und die Düsseldorfer Maler des Sonderbundes. In: Barbara Schäfer (Hrsg.): *1912. Mission Moderne. Die Jahrhundertschau des Sonderbundes*. Köln: Wienand 2012, S. 28–35.

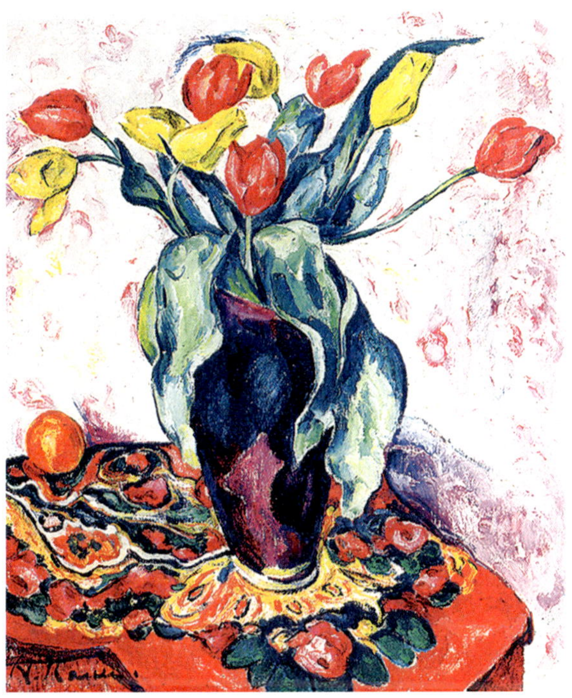

Abb. 3: Heinrich Nauen: *Tulpen* (Gelbe und rote Tulpen in violetter Vase), 1911. Öl auf Leinwand, 80 x 70,5 cm. Städtisches Museum Abteiberg Mönchengladbach. (Das Gemälde war auf der Sonderbundausstellung 1912 in Köln ausgestellt.)

Fénéon, Henri Matisse, Aristide Maillol und Paul Signac gehörten. Sein wichtigstes Instrument waren seine ab 1910 regelmäßig stattfindenden Ausstellungen, in denen Macke und seine Künstlerfreunde begleitend zu ihren Studienfahrten nach Paris entscheidende Anregungen erhielten und entdeckten, welch ungeahnte gestalterische Freiheiten der Farbe (etwa bei Matisse) und der Form (so bei Braque) inzwischen erschlossen worden waren.

Ihren Höhepunkt erreichte die Serie der Ausstellungen in der berühmten Kölner Sonderbundausstellung 1912, die durch die Präsentation von 634 Werken fast aller jüngeren künstlerischen Tendenzen in Europa wie Fauvismus, Kubismus und Orphismus – ausgenommen war nur der Futurismus – und unter Einbezug einer retrospektiven Abteilung mit den Vätern der Moderne Vincent van Gogh, Paul Cézanne, Paul Gauguin und Edvard Munch eine beispiellose und aus heutiger Sicht epochale Ausstellung der damaligen Moderne präsentierte.[6] Schlagartig machte Köln sich neben München und Berlin einen Namen als Zentrale der Moderne. Ab Februar 1912 war auch Macke gemeinsam mit dem Kunsthistoriker und Museumsleiter Walter Cohen aus Bonn im Arbeitsausschuss. Er sah sich insbesondere als Interessenvertreter des Blauen Reiter, dessen Mitglieder er mit Erfolg in der Ausstellung unterbrachte. Aus den Reihen der sich allmählich konstituierenden Gruppe der Rheinischen Expressionisten konnten August und Helmuth Macke, Jansen, Mense, Nauen (Abb. 3), Oppenheimer, Straube und Thuar ebenfalls ihre neuesten Werke zeigen.[7]

Etwa zur gleichen Zeit wie die Düsseldorfer Gründung des Sonderbundes fanden sich auch in Köln, das stets im Schatten der rheinischen Akademiestadt gestanden hatte, fortschrittlich orientierte Maler zum Kölner Künstlerbund zusammen, der mit Ausstellungen und Vorträgen in Erscheinung trat und aus dem 1911 durch Abspaltung die Cölner Secession hervorging.[8] Zu ihren Mitbegründern zählten der zunächst als Architekt ausgebildete Franz M. Jansen und Olga Oppenheimer, die beide auf der 2. Ausstellung des Kölner Künstlerbundes von 1910 mit ihren buntfarbigen, an den Flächenstilisierungen der Nabis orientierten Bildern Anstoß erregten. Während die erste Ausstellung der Cölner Secession nur maßvoll progressive Bilder zeigte, kommt der zweiten Präsentation der Gruppe im Januar 1913 (Abb. 4) in den Räumen des Wallraf-Richartz-Museums eine größere Bedeutung zu, da hier auch die weniger bekannten jüngeren Künstler des Rheinlandes vertreten waren.

Weitaus wichtiger für die Konstituierung der Rheinischen Expressionisten als die auf lokaler Ebene tätige Cölner Secession wurden zwei ebenfalls neue Einrichtungen: der von Jansen und Oppenheimer

6 Ebenso epochal wie die Ausstellung von 1912 ist der Katalog der Jubiläumsausstellung 2012 in Köln: Schäfer (Hrsg.): *1912. Mission Moderne.*

7 Zum Auftreten der Rheinischen Expressionisten auf der Sonderbundausstellung 1912 siehe Klara Drenker-Nagels: August Macke, die Rheinischen Expressionisten und die internationale Sonderbundausstellung 1912. In: Ebd., S. 234–243.

8 Eine ausführliche Darstellung zur Entwicklung der Cölner Secession und des Gereonclubs ist auch dem 2002 erschienen Aufsatz von Gabelmann zu entnehmen (Gabelmann: Die rheinische Avantgarde bis 1914, S. 22–26). Zum Gereonsclub siehe auch *Der Gereonsclub 1911–1913. Europas Avantgarde im Rheinland.* Ausstellungskatalog. Bonn: August Macke-Haus 1993.

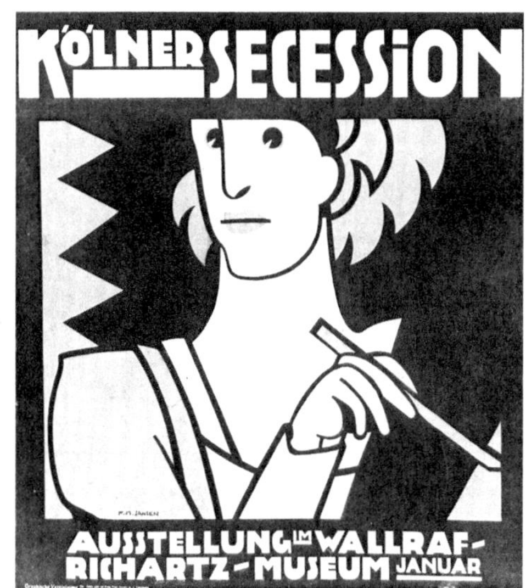

Abb. 4
Franz M. Jansen:
Plakat für die zweite
Ausstellung der
Kölner Secession, 1912.

ins Leben gerufene Gereonsclub und der Rheinische Kunstsalon des Malers und Galeristen Otto Feldmann. Der Gereonsclub war ein privates Ausstellungs- und Diskussionsforum für junge Kunst abseits akademischer Normen. Er hatte seinen Namen von dem 1909/10 erbauten Büro- und Atelierhaus in der Gereonstraße 18–31, in der die junge Malerin Olga Oppenheimer, eine Schülerin des Nabis-Künstlers Paul Sérusier, gemeinsam mit der ebenfalls künstlerisch tätigen Emmy Worringer eine Mal- und Zeichenschule unterhielt. Am 20. Januar 1911 öffnete der Club mit einer Ausstellung, die durch die Präsentation von damals in Köln noch weitgehend unbekannten Werken von Cuno Amiet, André Derain, Vincent van Gogh, Ferdinand Hodler, Pablo Picasso und Paul Sérusier sofort die Offenheit und Internationalität der Einrichtung unterstrich. Als wichtigstes Anliegen propagierte er die Förderung und Durchsetzung der zeitgenössischen Avantgarde in Kunst und Literatur.

Eine ernstzunehmende Bedeutung erhielt der Gereonsclub aber erst durch August Macke, der sich im Februar 1911 der Vereinigung anschloss und mit unermüdlichem Einsatz und exzellenten Kontakten nach München und Paris das Ausstellungsprogramm bestimmte und zum Hauptakteur auf der künstlerischen Bühne des Rheinlandes wurde. Wie Jansen sich erinnerte, „spielte Macke bei allem mit Recht eine Hauptrolle; seine Vitalität, seine Kraft ausstrahlende, von keinen wirtschaftlichen Bedenken abgelenkte Persönlichkeit überwand mit

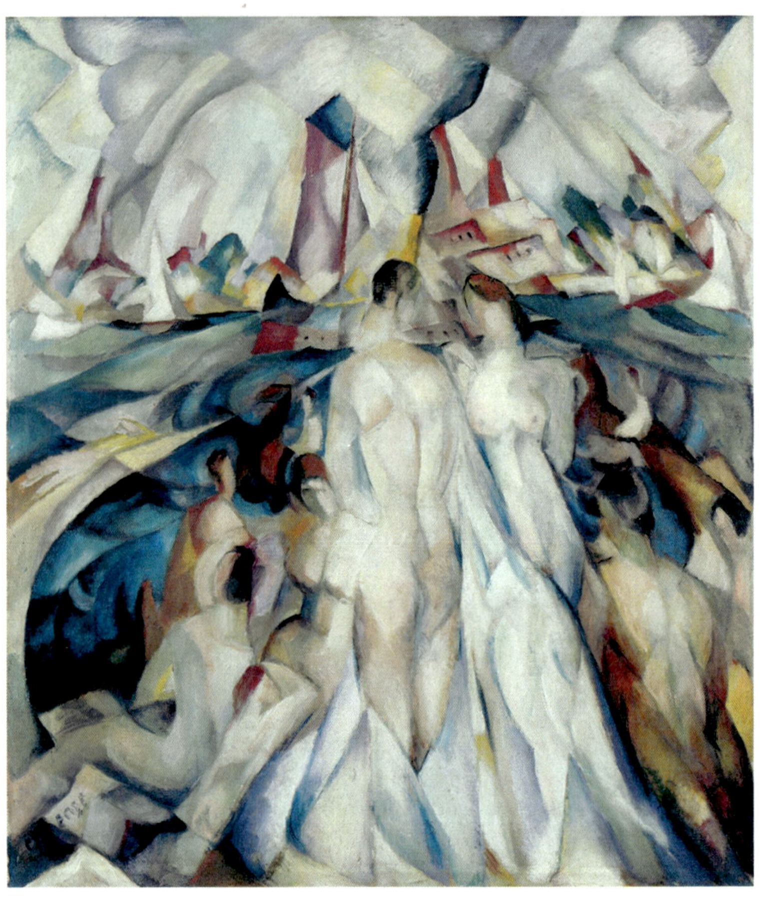

Abb. 5: Carlo Mense: *Badende*, 1913. Öl auf Leinwand, 85 x 73 cm. LWL-Landesmuseum für Kunst und Kulturgeschichte Münster.

robustem Charme alle Schwierigkeiten".[9] Seine seit 1910 bestehenden Kontakte zu Franz Marc nach Sindelsdorf sowie zu Wassily Kandinsky nach München, aber auch zu Herwarth Walden nach Berlin bescherten dem Gereonsclub bedeutende Ausstellungen: Im Oktober 1911 präsentierte er 15 Gemälde von Franz Marc, im Dezember desselben Jahres stellte er die Neue Künstlervereinigung München vor und im Januar 1912 waren – als Übernahme der Galerie Thannhauser

9 Zit. n. Franz M. Jansen: *Von damals bis heute. Lebenserinnerungen*, bearb. v. Magdalena Moeller. Köln: Rheinland 1981, S. 70.

in München – erstmals in Köln Werke aller Mitglieder des Blauen Reiter zu sehen. Die eigentliche Sensation dieser Ausstellung waren die Arbeiten von Robert Delaunay, der u. a. mit *Saint Severin*, *La Ville* und *La Tour Eiffel* vertreten war. Delaunays dynamisch zerlegte und Licht erfüllte Formensprache des Orphismus, eines Ablegers des Kubismus, hinterließ vor allem bei Macke, Mense (Abb. 5) und Seehaus nachhaltigen Eindruck.
Eine weitere wichtige Anlaufstelle zeitgenössischer, vor allem französischer Kunst war der Rheinische Kunstsalon des Malers und Graphikers Otto Feldmann, der im Frühjahr 1912 am Hansaring 20 in Köln seine Galerie eröffnete. Diese avancierte neben der Düsseldorfer Kunsthandlung von Alfred Flechtheim zum wichtigsten Umschlagplatz für moderne Kunst im Rheinland.[10] Nicht ohne Stolz vermerkte Macke in einem Brief an Herwarth Walden, dass Feldmann seinen Namen seit drei Jahren „auf Geschäftskarten neben Braque, Picasso etc. führe".[11]

Ein expressionistischer Sommer – Bonn 1913

Die jungen, progressiven Künstler, die im Rheinland lebten und arbeiteten, waren bis zu Beginn des Jahres 1913 eine nur lose miteinander verbundene Künstlerschar, von denen sich einige kannten und miteinander befreundet waren. Die zentrale Persönlichkeit und treibende Kraft der rheinischen Avantgarde war August Macke, der schon früh die Gemeinsamkeiten dieser Maler erkannte und im Frühjahr 1913 den Entschluss fasste, in seiner Heimatstadt Bonn eine Ausstellung mit ihnen zu planen. Diese erste Präsentation der Rheinischen Expressionisten im Sommer 1913 im Buch- und Kunstsalon von Friedrich Cohen sollte der Höhe- und gleichzeitig auch der Endpunkt der rheinischen Variante des Expressionismus werden.[12]

10 Zum Rheinischen Kunstsalon siehe auch Heusinger von Waldegg: Zur kunsthistorischen Einordnung des Rheinischen Expressionismus, S. 9. Feldmann war auf besondere Weise mit den Rheinischen Expressionisten verbunden: So übernahm er nicht nur deren Ausstellung bei Cohen in seine Kölner Galerie, sondern zeigte 1914 noch die von Flechtheim konzipierte Schau „Rheinischer Expressionismus" in seiner Berliner Dependance.

11 Zit. nach Heusinger von Waldegg: Zur kunsthistorischen Einordnung des Rheinischen Expressionismus, S. 9.

12 Zur Entwicklungsgeschichte dieser Ausstellung ist im Jubiläumsjahr 2013 ein guter Katalog erschienen: Stephan Berg / Irene Kleinschmidt-Altpeter (Hrsg.): *Ein expressionistischer Sommer. Bonn 1913.* Ausstellungskatalog Kunstmuseum Bonn. München: Hirmer 2013.

Die von Macke getroffene Auswahl der beteiligten Künstler war ein selbstverständlicher Rückgriff auf seine rheinischen Malerkollegen; darunter Mense, Kölschbach, Henseler, Engert, Campendonk, Ernst, Seehaus, Thuar, Nauen und sein Vetter Helmuth Macke.[13] Wie kam die Gruppe der 16 an der Ausstellung beteiligten Künstler nun zusammen? Während Macke bereits seit seiner Schulzeit 1897 in Köln mit Thuar befreundet war, fand die erste Begegnung mit Mense erst 1906 in der Düsseldorfer Akademie statt. Der älteste und versierteste Künstler der Gruppe, Heinrich Nauen, hatte die Akademie schon 1899 verlassen. Er stieß über Campendonk aus Krefeld zu der Gruppe, weil dieser sowohl mit Helmuth als auch mit August Macke befreundet war. Der aus Brühl stammende Ernst studierte von 1910 bis 1914 Philosophie, Psychologie und Kunstgeschichte an der Universität in Bonn und lernte Macke um 1911 dort kennen.[14] Der Kölner Maler Kölschbach war wiederum mit Ernst bekannt, der die Verbindung zu Macke herstellte. Der jüngste Maler der Gruppe, Seehaus, war seit 1910 der „unentgeldliche Meisterschüler" von Macke. Der Scherenschneider und Karikaturist Engert und der Maler und Zeichner Henseler waren aus München nach Bonn gezogen, wo sie mit dem Chemiestudenten Franz Kiel und dem Schriftsteller Karl Otten eine erste kleine Künstlergemeinschaft bildeten. Die Begegnung Mackes mit dem agilen Jansen fand schon 1911 im „Gereonsclub" statt; dort lernte er auch Oppenheimer kennen, die wie auch die zweite Frau im Bunde, Marie von Malachowski-Nauen, erst später zu der Gruppe stieß.

Zur eigentlichen Geburtsstätte des Rheinischen Expressionismus wurde die kleine Künstlerkolonie, die sich Anfang 1913 in der angemieteten Villa von Plüskow in dem Bonner Vorort Graurheindorf formierte. Der idyllisch direkt am Rhein gelegene Ort wurde zum Schauplatz gemeinsamer Zusammenkünfte und Anlaufpunkt für die

13 Zu den einzelnen Rheinischen Expressionisten siehe die Monographien zu den jeweiligen Künstlern und Heusinger von Waldegg: *Die Rheinischen Expressionisten*, S. 83–408; die Beiträge in Moeller (Hrsg.): *August Macke und die Rheinischen Expressionisten*, S. 143–343, sowie in Berg / Kleinschmidt-Altpeter (Hrsg.): *Ein expressionistischer Sommer*, S. 28–109.

14 Der Bonner Schaffenszeit von Ernst ist der im Sommer 2014 erschienene Katalog gewidmet: Jürgen Pech (Hrsg.): *„Seine Augen trinken alles." Max Ernst und die Zeit um den Ersten Weltkrieg.* Ausstellungskatalog Max Ernst Museum Brühl des LVR. Brühl: Max Ernst Museum 2014.

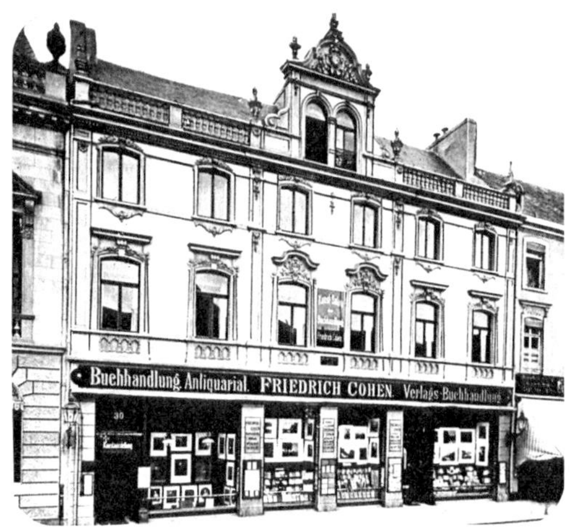

Abb. 6
Buchhandlung und Kunstsalon Cohen in Bonn, Am Hof 30, vor 1912.

fortschrittlich gesinnten Künstler aus der Region. Henseler, Engert und Otten bewohnten je ein Zimmer in der Villa. Walter Gerhardt, der Bruder von Elisabeth Macke, und Macke selbst übernachteten gelegentlich in Graurheindorf, wenn es zu spät für den Heimweg wurde; auch Ernst, Seehaus, Feldmann und Thuar besuchten die Malerfreunde. Hier wurde gemalt und gezeichnet, gefeiert, leidenschaftlich über Kunst diskutiert und hier reifte die Idee zur gemeinsamen Ausstellung. Unter der Überschrift *Sommer ohne Herbst* beschrieb Karl Otten die Zusammenkünfte in der Villa ausdrücklich als Geburtsort der Ausstellung:

> Um Macke hatte sich eine Schar junger Maler gruppiert, die in dem freundlichen Haus zusammenkamen und Pläne schmiedeten. Pläne, die unter der vorwärtstreibenden Energie Mackes sehr bald Gestalt annahmen. […] Aus unseren europäischen Gesprächen – wir betrachteten Köln und Bonn als Vororte von Paris, Wien und Rom – formte sich in Macke die Idee einer repräsentativen Ausstellung, die erste Ausstellung Rheinischer Expressionisten, die ohne jede Vorbereitung oder fremde Hilfe in den Tag sprang.[15]

In der traditionell eher der Musik zugeneigten Universitäts- und Residenzstadt Bonn, in der es an öffentlichen städtischen Ausstellungsinstituten fehlte, gewannen private Initiativen erhöhte Bedeutung. So

15 Zit. n. Karl Otten: 1914 – Sommer ohne Herbst. Erinnerungen an August Macke und die Rheinischen Expressionisten. In: Paul Raabe (Hrsg.): *Expressionismus. Aufzeichnungen und Erinnerungen der Zeitgenossen.* Freiburg i. Br.: Walter 1965, S. 150–154, hier S. 153.

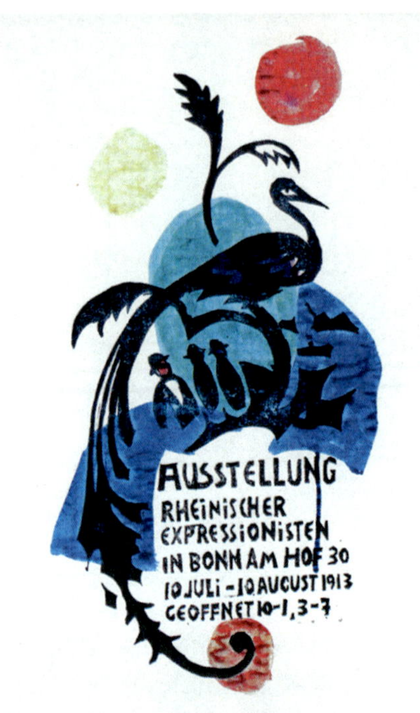

Abb. 7
August Macke:
Plakatentwurf zur Ausstellung
Rheinischer Expressionisten, 1913.

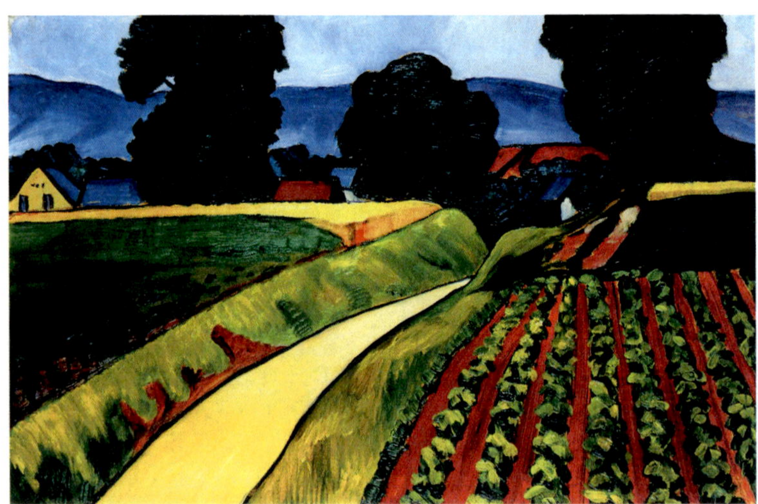

Abb. 8: Hans Thuar: *Messdorf* (Duisdorf), 1911. Öl auf Leinwand, 48 x 75 cm. Kunstmuseum Bonn.

fand die „Ausstellung Rheinischer Expressionisten“ in dem Buch- und Kunstsalon Friedrich Cohen, im Geschäftshaus Am Hof 30 (Abb. 6), statt. Im Februar 1907 hatte hier bereits Die Brücke ausgestellt, im folgenden Jahr zeigte Cohen Holzschnitte von Gabriele Münter und im Mai 1912 hatte Macke die Gelegenheit, seine neuesten Arbeiten zu zeigen. Ihm waren die Räumlichkeiten also vertraut, und mit Unterstützung der beiden Cohen-Brüder konnte er insgesamt 60 Werke von 16 Künstlern der rheinischen Moderne zu einer Ausstellung arrangieren, die vom 10. Juli bis zum 10. August 1913 zu sehen war. Das Ausstellungsplakat (Abb. 7) und die Einladungskarte stammten ebenfalls von ihm. Mit 340 verkauften Eintrittskarten nach vier Tagen, 15 verkauften Werken und einer positiven Resonanz in der Presse wurde die Ausstellung ein überraschender Erfolg.

Die Künstler des Rheinischen Expressionismus und ihre Themen

Wer waren die rheinischen Expressionisten und was waren ihre wichtigsten Themen? Durch ihre unterschiedliche Herkunft, andersartige Ausbildung und ihre verschiedenen künstlerischen Erfahrungen bildeten die Rheinischen Expressionisten im Unterschied zur Brücke und zum Blauen Reiter eine insgesamt eher heterogene Gruppe. Nur zum Zeitpunkt ihrer wichtigsten gemeinsamen Ausstellung im Sommer 1913 in Bonn waren sie durch eine Reihe von Gemeinsamkeiten eine geschlossene Künstlergemeinschaft. Ihre Zusammengehörigkeit resultierte vor allem aus der bei allen Künstlern zu beobachtenden Orientierung an der französischen Moderne, an Werken von van Gogh und Cézanne, an dem wichtigsten Fauvisten Matisse, an Delaunay und neuerdings auch am Kubismus von Braque und Picasso. Dabei kannten sie diese Werke von ihren Besuchen bei den einschlägigen Kunsthändlern in Paris oder sie hatten sie kurz zuvor in Ausstellungen in Berlin, München, Düsseldorf und auf der Sonderbund-Schau in Köln gesehen. Ein starkes gemeinsames Band war auch das ungebrochene Verhältnis zur Landschaftsmalerei. Besonders beliebt waren die Flussansicht, gern auch die geordnete und überschaubare Park- und Gartenlandschaft, etwa bei Macke, Nauen, Thuar (Abb. 8), Jansen und Mense. Während Nauen und Helmuth Macke der schwermütigen niederrheinischen Natur Ausdruck verliehen, ist bei August Macke, Seehaus, Mense, Jansen und

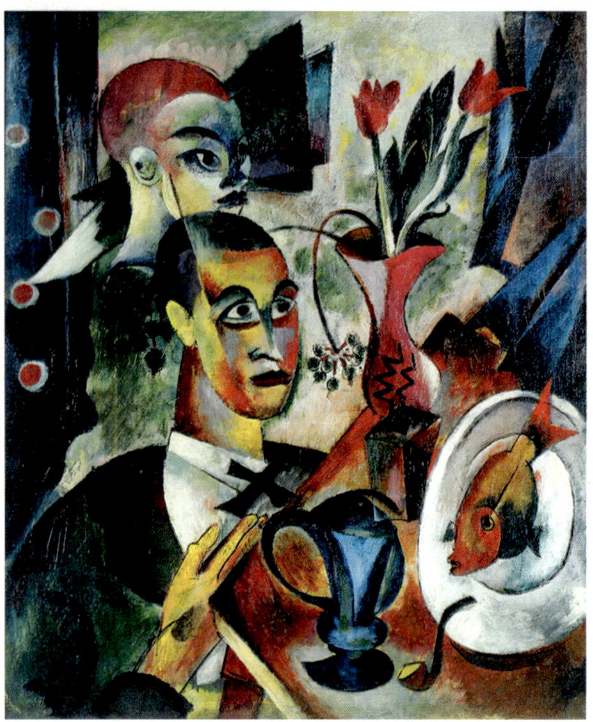

Abb. 9: Heinrich Campendonk: *Junges Paar am Tisch* (Stillleben mit zwei Köpfen), um 1914. Öl auf Leinwand, 82 x 71,5 cm. Kunstmuseum Bonn.

Straube das heitere Bild der Rheinebene zwischen Köln und Koblenz gemeint. Der Einklang von Mensch und Natur tritt in diesen Bildern als besonderer Wesenszug hervor. Das Stadtbild spielte hingegen eine untergeordnete Rolle; ein stärkeres Interesse hatten Macke, Thuar und Seehaus an Bildern von der Vorstadt, dem sozialen Grenzbereich, dem sie sich ebenfalls idealisierend näherten. Neben seltenen, den Nabis und den Fauves verpflichteten Interieurs der beiden Mackes, pflegten alle Maler die Stilllebenmalerei, bei der sie sich – wie etwa Campendonk (Abb. 9) – in erster Linie an Matisse oder schon an Braque und Picasso orientierten. Spielte für Jansen und Engert das Selbstbildnis eine Rolle, so gewinnt für die meisten von ihnen zunehmend das Porträt an Bedeutung. Die Modelle stammten vorzugsweise aus den eigenen Reihen; bei Macke war es meist seine Frau Elisabeth, die er in unzähligen Bildern (Abb. 10) verewigte. Charakteristisch für

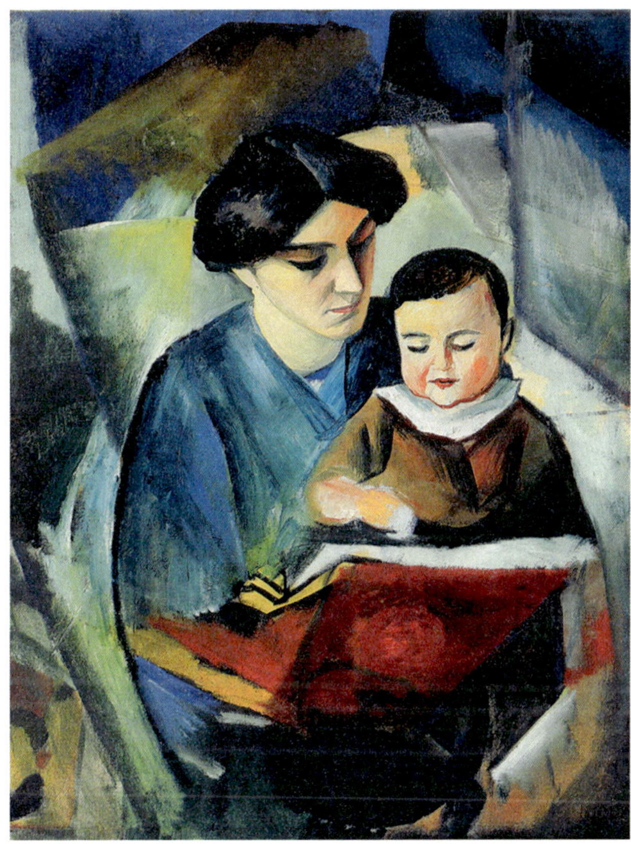

Abb. 10: August Macke: *Elisabeth und Walterchen*, 1912.
Öl auf Leinwand, 89 x 71 cm. Kunstmuseum Bonn.

die Rheinischen Expressionisten, etwa für Ernst, Kölschbach, Henseler und Campendonk, war auch die Behandlung religiöser Themen. Auf die Vorkriegszeit zurückblickend, schrieb Seehaus 1918:

> Das Gesicht der typisch rheinischen Kunst ist geblieben, einer Kunst, vermittelnd eher als schroff, nicht aber vermittelnd aus Kompromissen heraus, sondern aus innerstem Wesen. Wie der Duft der Atmosphäre, silbergrau und violett, die rheinische Landschaft schmeichelnd umgibt und ausgleichend umlagert, so durchdringt eine fast traditionelle Schönheit die Werke der rheinischen Maler […]. Frankreichs Nachbarschaft klingt leise herein.[16]

16 Paul Adolf Seehaus: Das junge Rheinland. In: *Kunstblatt* 2 (1918), S. 120.

Der Erste Deutsche Herbstsalon – Höhepunkt und Ende des Rheinischen Expressionismus

Die Ausstellung bei Cohen in Bonn war zwar keinesfalls die letzte, aber die wichtigste gemeinsame Präsentation der Rheinischen Expressionisten. Schon bei der folgenden von Mense organisierten Ausstellung der rheinischen Maler im Mai 1914 und bei der im Juni stattfindenden Schau in der Neuen Galerie von Feldmann in Berlin zeigten sich durch die veränderte Künstlerliste die heterogenen Vorstellungen der einzelnen Maler. Für Macke selbst war die Bonner Ausstellung nur ein Projekt auf halber Strecke zwischen der Sonderbund-Schau 1912 in Köln und dem Ersten Deutschen Herbstsalon 1913 in der Berliner Galerie Der Sturm: „Die rheinische Expressionistenausstellung habe ich gemacht in Bonn, so nebenbei, erstens, um Cassirer zuvorzukommen und die Leute hier zusammenzubringen, zweitens als Probe für den Herbstsalon."[17] Zur Ausstellung des Ersten Deutschen Herbstsalons, den Walden mit Macke, Marc und Koehler organisiert und gehängt hatte, rekrutierte er aus dem Kreis seiner rheinischen Weggefährten nochmals neun Maler, die ihre Werke in der Hauptstadt vorstellen durften. Auch wenn einige von ihnen bei Walden nochmals gut vertreten waren, war ersichtlich, dass sich die Gruppe in Auflösung befand. Schon in der ersten Jahreshälfte von 1914 bildeten sich neue Konstellationen und Entwicklungen. Der Ausbruch des Ersten Weltkriegs am 1. August 1914 und der frühe Tod von Macke am 26. September desselben Jahres an der französischen Westfront bedeuteten für die vitale und französisch geprägte rheinische Version des Expressionismus das endgültige Ende.

17 Brief vom 9. Juli 1913 an Herwarth Walden, zit. nach Joachim Heusinger von Waldegg (Hrsg.): Dokumentation. In: *Die Rheinischen Expressionisten*, S. 32–80, hier S. 69.

„Wir wollen uns unter ein gemeinsames Zeichen stellen."

Die *Sema*-Mappe als druckgraphisches Avantgardeprojekt

Susanne M. I. Kaufmann

Die Sema – eine Neuentdeckung

> In diesem Sommer hat sich in München eine Gruppe junger Künstler zu einer Vereinigung zusammengetan, die den Namen Sema, ›das Zeichen‹, führen sollte. […] / In einem hübschen Klübchen waren wir ein paarmal zusammengekommen und waren über Greco einig und darüber, daß wir alle kein Geld hatten./ […] Nun beschloß man die Herausgabe einer Mappe mit Original-Graphik.[1]

Dieser Tagebucheintrag von Paul Klee aus dem Herbst des Jahres 1911 ist wohl die prominenteste Äußerung eines Mitbegründers der Künstlervereinigung Sema, die einige Monate vor dem Zusammenschluss des Blauen Reiters im Dezember desselben Jahres in München initiiert worden war. Sie ist heute nahezu unbekannt, obwohl sie neben Paul Klee bedeutende Wegbereiter der modernen Kunst wie Alfred Kubin, Max Oppenheimer und Egon Schiele zu ihren Mitgliedern zählte. Insbesondere der von der Vereinigung im Jahre 1912 herausgegebenen *Sema*-Mappe (Abb. 1) kommt mit Blick auf ihr programmatisches und innovatives Potenzial große Bedeutung zu. Als eines der ersten einer modernen Kunstauffassung verpflichteten gemeinschaftlichen Projekte steht sie am Beginn einer langen, vor allem für die Graphik-Produktion der 1920er Jahre symptomatischen Reihe von Mappenwerken des 20. Jahrhunderts. Umso vielversprechender erscheint die genaue Betrachtung dieses frühen Prototyps des von einer Künstlergruppe erarbeiteten Mappenwerks, das nicht nur als entscheidender Impulsgeber auf die künstlerische Weiterentwicklung der Beteiligten wirkte, sondern vor allem als Inkunabel eines sich etablierenden Ausdrucksmediums des 20. Jahrhunderts verstanden werden muss.[2]

1 Eintrag 902 (München, Herbst 1911) aus dem Tagebuch von Paul Klee; zit. n. Paul Klee: *Tagebücher 1898–1918*, hrsg. v. Wolfgang Kersten. Stuttgart: Hatje 1988, S. 319.

2 Dieser Aufsatz geht auf die von der Autorin kuratierte Ausstellung „Kandinsky, Klee, Schiele. Ausgewählte Graphikmappen des frühen 20. Jahrhunderts" (Staatsgalerie Stuttgart, 28.03.–29.06.2014) zurück. Zur Ausstellung ist ein Katalog im Hirmer-Verlag in München erschienen, u. a. mit Texten von Corinna Höper.

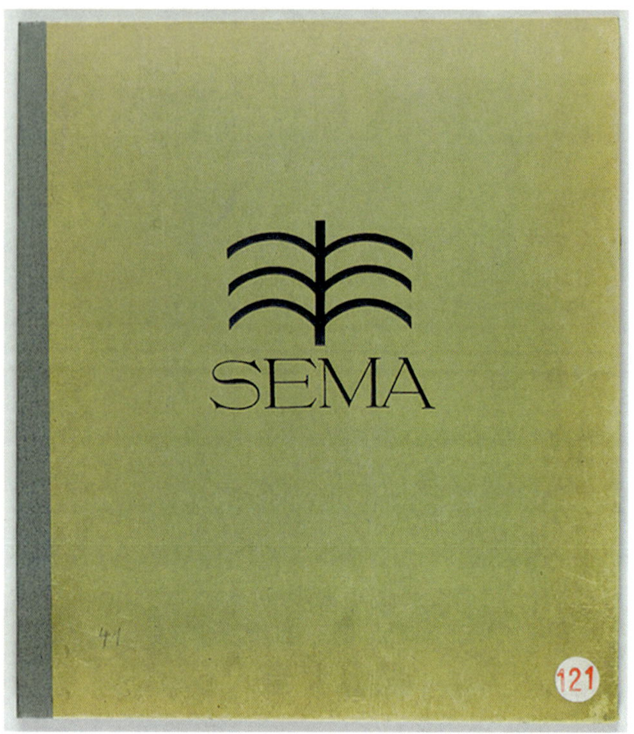

Abb. 1: *Sema*. 15 Originalsteinzeichnungen. München: Delphin [1912], (Exemplar 50/200), Mappe mit grünem Einband mit aufgedrucktem *Sema*-Signet. Staatsgalerie Stuttgart, Graphische Sammlung.

Im kulturell vielfältigen Umfeld der Münchner Bohème wurde die Künstlervereinigung Sema im Sommer des Jahres 1911 gegründet. In der kurzen Zeit ihres Bestehens bis Ende 1913 gehörten ihr bis zu 30 Mitglieder unterschiedlicher Professionen an, was als Merkmal für die Struktur moderner Künstlergruppen zu sehen ist. Von dem Kunsthistoriker und Publizisten Maximilian Rohe initiiert, versammelten sich in der Sema bildende Künstler wie Karl Caspar, Paul Klee, Alfred Kubin, Edwin Scharff, Egon Schiele und Max Oppenheimer, daneben finden sich heute unbekanntere Namen wie Robert Genin, Carl Schwalbach, Julius Wilhelm Schülein oder auch der Amerikaner Frank S. Hermann.[3] Die vielfältige Zusammensetzung der

3 Susanne M.I. Kaufmann: *Die Künstlervereinigung Sema. Eine Künstlergruppierung zwischen expressionistischer Kunstauffassung und den Mechanismen des Kunstmarktes.*

Künstlergruppe ist Ausdruck der breit gefächerten und bemerkenswert international geprägten Kunstszene um 1910, die sich durch ihre kulturelle Dichte und das künstlerische Niveau auszeichnete.

Zwischen Sema und dem Blauen Reiter – Konkurrenz im Münchner Kunstumfeld

Von Beginn an richtete die Künstlervereinigung Sema ihren programmatischen Anspruch deutlich an die Öffentlichkeit und formulierte bereits im Gründungsvermerk in der Zeitschrift *Der Cicerone* als Grundlage ihres Zusammenschlusses „nicht soziale und wirtschaftliche Berufsinteressen, sondern gemeinsame kulturelle und künstlerische Ziele."[4] Auch die ambitionierte Namensgebung der Sema, von dem griechischen Wort für Zeichen abgeleitet, zeigt die klare Absicht, sich „unter ein gemeinsames Zeichen stellen" zu wollen.[5] Die Mitglieder begannen bald nach der Gründung, sich offensiv um Ausstellungsmöglichkeiten zu bemühen und die Arbeit an einer gemeinschaftlich erdachten Graphikmappe aufzunehmen, um ihr künstlerisches Programm in die Öffentlichkeit zu tragen.

Knapp ein Jahr nach Gründung der Sema gelang es der Künstlergruppe, sich in einer ersten Ausstellung in der renommierten Modernen Galerie Heinrich Thannhauser zu präsentieren. Aquarelle von Paul Klee waren hier neben Zeichnungen Egon Schieles und Lithographien Edwin Scharffs zu sehen; insgesamt zeigte man über 70 Werke unterschiedlicher Techniken und künstlerischer Ausdrucksformen.[6] Eine solch umfangreiche Ausstellung bei einem der führenden Galeristen der modernen Bewegung blieb im Münchner Kunstmilieu

Magisterarbeit, Kunsthistorisches Institut LMU München 2008, Open Access LMU, Geschichts- und Kunstwissenschaften, Nr. 38 (2008). http://epub.ub.uni-muenchen.de/12181/1/Kaufmann_Susanne_12181.pdf. Band II, S. 9–10, verzeichnet eine Gesamtliste der etwa 30 Sema-Mitglieder. Neben Maximilian Rohe finden sich neben den bildenden Künstlern auch die Schriftsteller Hans Carossa, Wilhelm Michel, der Architekt August Zeh und der Komponist A. Haag.

4 *Der Cicerone* 3 (1911), S. 563.

5 Zit. aus dem Mitgliederprospekt der Künstlervereinigung Sema. Nachlass Julius W. Schülein, Stadtbibliothek Monacensia, München.

6 *Ausstellungskatalog I.: Ausstellung der Künstlervereinigung „Sema"*. Moderne Galerie Heinrich Thannhauser, München 1912. Handschriftenabteilung, Bayerische Staatsbibliothek München. An der Sema-Ausstellung (ca. 3. bis 24. April 1912), die als Wanderausstellung konzipiert worden war, nahmen insgesamt 17 Künstler teil.

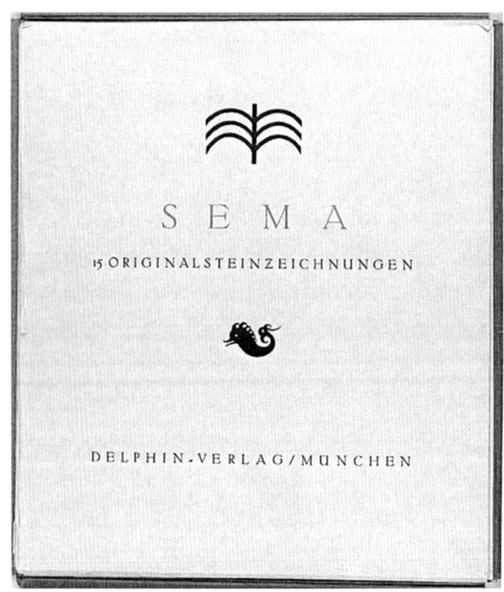

Abb. 2: *Sema.* 15 Original-steinzeichnungen. München: Delphin [1912], (Exemplar 50/200),Titelblatt. Staatsgalerie Stuttgart, Graphische Sammlung.

nicht unbemerkt und nicht nur die Presse, sondern auch das Künstlerumfeld wurde bald auf die neue Gruppierung aufmerksam.
Es haben sich einige Rezensionen erhalten, die auf den avantgardistischen Anspruch der Ausstellung reagierten und die von der Sema vertretene moderne Kunstauffassung mit der für die Zeit üblichen drastischen Kritik konfrontierten:

> Was unangenehm vorwiegt, sind Erzeugnisse jenes hier immer und grundsätzlich zurückgewiesenen übermodernen Getues, dem mit einer ausführlichen Widerlegung zu viel Ehre geschähe [...]. Der dem Naturalismus entgegengesetzte geistige und zum Monumentalen drängende Kunstwille [zeigt] Hässlichkeiten einer Art, die schon ihrer Unselbständigkeit halber unfruchtbar sind.[7]

Aber auch die Protagonisten des Blauen Reiters, Wassily Kandinsky und Franz Marc, die einige Monate zuvor ebenfalls bei Thannhauser ihre neu gegründete Künstlergruppe vorgestellt hatten, äußerten sich kritisch gegenüber der neuen Konkurrenz. Man fürchtete deren Einfluss auf den Kunstmarkt und so schrieb Marc an Kandinsky: „Bei

7 E.: SEMA. In: Unbekannte Zeitung, April 1912. Nachlass Julius W. Schülein, Stadtbibliothek Monacensia, München.

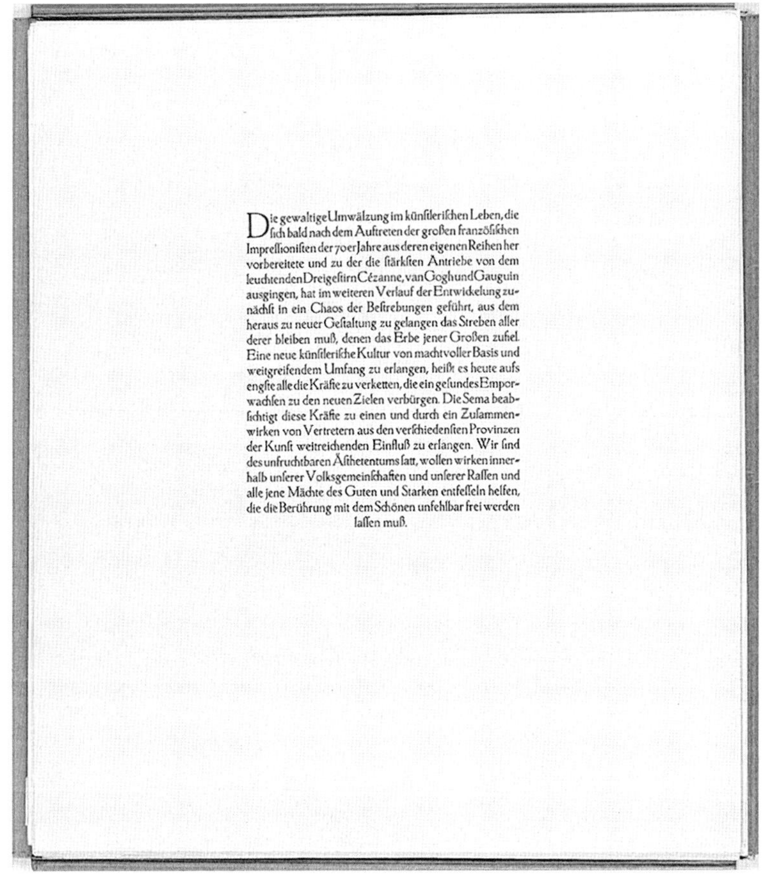

Die gewaltige Umwälzung im künſtleriſchen Leben, die ſich bald nach dem Auftreten der großen franzöſiſchen Impreſſioniſten der 70er Jahre aus deren eigenen Reihen her vorbereitete und zu der die ſtärkſten Antriebe von dem leuchtenden Dreigeſtirn Cézanne, van Gogh und Gauguin ausgingen, hat im weiteren Verlauf der Entwickelung zunächſt in ein Chaos der Beſtrebungen geführt, aus dem heraus zu neuer Geſtaltung zu gelangen das Streben aller derer bleiben muß, denen das Erbe jener Großen zufiel. Eine neue künſtleriſche Kultur von machtvoller Baſis und weitgreifendem Umfang zu erlangen, heißt es heute aufs engſte alle die Kräfte zu verketten, die ein geſundes Emporwachſen zu den neuen Zielen verbürgen. Die Sema beabſichtigt dieſe Kräfte zu einen und durch ein Zuſammenwirken von Vertretern aus den verſchiedenſten Provinzen der Kunſt weitreichenden Einfluß zu erlangen. Wir ſind des unfruchtbaren Äſthetentums ſatt, wollen wirken innerhalb unſerer Volksgemeinſchaften und unſerer Raſſen und alle jene Mächte des Guten und Starken entfeſſeln helfen, die die Berührung mit dem Schönen unfehlbar frei werden laſſen muß.

Abb. 3: *Sema.* 15 Originalsteinzeichnungen. München: Delphin [1912], (Exemplar 50/200), Manifest. Staatsgalerie Stuttgart, Graphische Sammlung.

Thannhauser scheint etwas Stimmung gegen uns. Bl. Reiter-Direktion und eine Reihe Ausstellungsvorschläge rund abgelehnt. […] Ich glaube die Sema arbeitet ziemlich gegen uns.“[8] Kurze Zeit später ergänzte Marc: „Ich habe das Gefühl, daß die Sema bei Thannhauser hinter uns herhüpft wie die Krähen hinterm Pflug.“[9] Und schon bald konkurrierte der Blaue Reiter mit der Sema nicht mehr nur um Ausstellungsmöglichkeiten, sondern auch um deren Mitglieder. Im

8 Wassily Kandinsky / Franz Marc: *Briefwechsel. Mit Briefen u. a. von und an Gabriele Münter und Maria Marc*, hrsg. v. Klaus Lankheit. München / Zürich: Piper 1983, S. 161.

9 Kandinsky / Marc: *Briefwechsel*, S. 162.

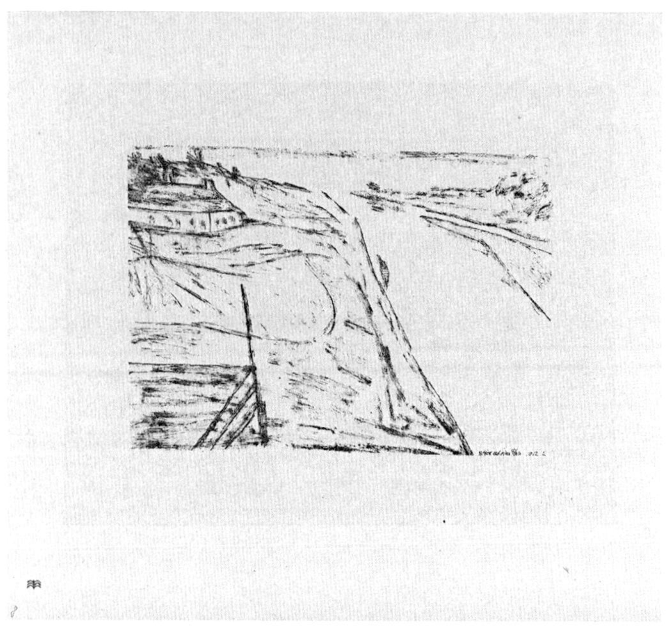

Abb. 4: Paul Klee: *Blick auf einen Fluss*, 1912, Lithographie.
Staatsgalerie Stuttgart, Graphische Sammlung.

Zuge der Vorbereitungen des *Almanachs*, der Programmschrift des Blauen Reiters, gelang es Kandinsky zu Beginn des Jahres 1912, Klee und Kubin zur Mitarbeit zu gewinnen. Der Zeitgenosse Hans von Wedderkop verdeutlicht die Situation: „Klee reitet uns Blau davon, sagten die Semiten."[10] Da die parallele Mitwirkung an verschiedenen Projekten allerdings nicht unüblich war und geradezu als Ausdruck der avantgardistischen Gruppendynamik zu sehen ist, blieben Klee und Kubin gleichzeitig auch bei der „Sema" aktiv und widmeten sich intensiv der Konzeption und Umsetzung der ambitionierten druckgraphischen Mappe.

Die *Sema*-Mappe – ein druckgraphisches Pionierprojekt

Das Mappenwerk der Sema, bestehend aus Titelblatt (Abb. 2), einem Manifest (Abb. 3) sowie 15 Lithographien, erschien im April 1912 im renommierten Münchner Delphin-Verlag, der etwa zeitgleich

10 Hans von Wedderkop: *Paul Klee. Mit einer Biographie des Künstlers*. Leipzig: Klinkhardt & Biermann 1920, S. 15.

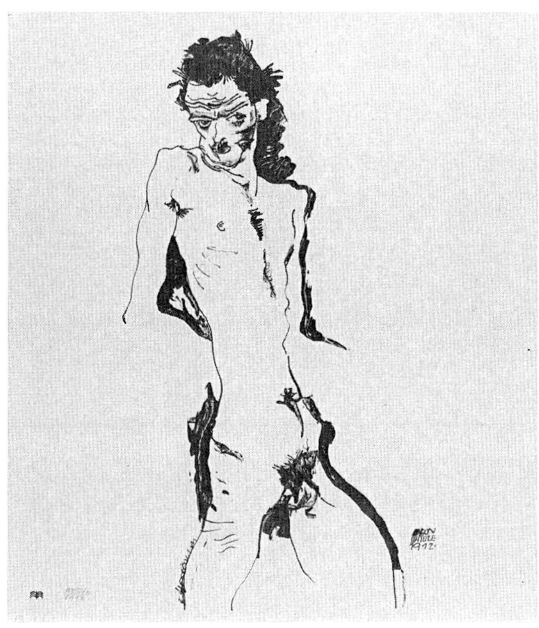

Abb. 5: Egon Schiele: *Akt*, 1912, Lithographie.
Staatsgalerie Stuttgart, Graphische Sammlung.

Standardwerke zur Theorie des Expressionismus von Paul Fechter (1914) und Hermann Bahr (1916) publizierte.[11] Die Inhaltsbeschreibung auf der Rückseite des Titelblatts zeigt deutlich, dass man die marktstrategischen Mechanismen des Mappenwerks zu nutzen verstand. Innerhalb der handsignierten Gesamtauflage von 215 Exemplaren wurden 15 Vorzugsausgaben auf Japanbütten gedruckt, die zusätzlich eine Zeichnung von einem der beteiligten Künstler enthielten. Auf typische Weise erweiterte man durch den Einsatz originalgraphischer Methoden die Zielgruppe an Interessenten. Auffällig ist die aufwendige Gestaltung der *Sema*-Mappe – so findet sich auf den Lithographien sowie auf Einband, Titelblatt, Manifest und jedem der einzelnen Blätter ein eigens entworfenes Signet. Dieses verdeutlichte nicht nur den kollektiven Ansatz des gemeinschaftlichen Graphikprojekts, sondern ist Ausdruck eines klar formulierten

11 Über den Delphin-Verlag ist heute kaum etwas bekannt. Im zeitlichen Umkreis des Erscheinens der *Sema*-Mappe publizierte dieser auch monographische Mappen zu einzelnen Sema-Mitgliedern wie Karl Caspar, Robert Genin und Carl Schwalbach.

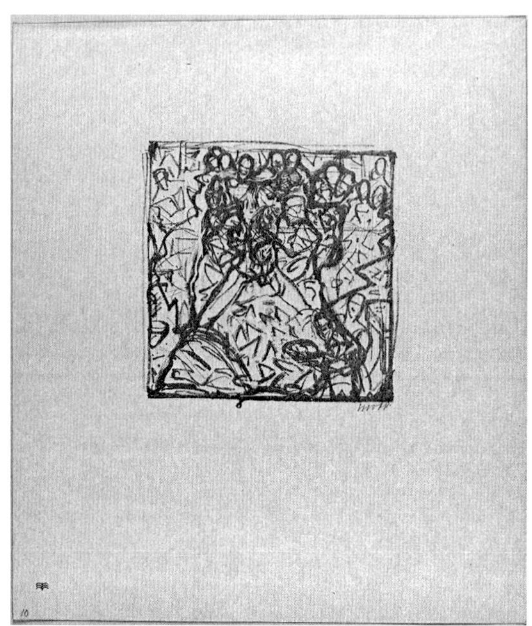

Abb. 6: Max Oppenheimer: *Anatomie*, 1912, Lithographie.
Staatsgalerie Stuttgart, Graphische Sammlung.

Identitätsanspruchs der Künstlervereinigung.[12] Bis heute kennzeichnet das Signet die zumeist dem Verbund entrissenen Blätter als druckgraphische Beiträge der *Sema*-Mappe.

Stilistisch zeigt sich in der Mappe eine Vielfalt von Ausdrucksweisen in unterschiedlicher künstlerischer Qualität. Es finden sich überwiegend figürliche Darstellungen, u. a. von Karl Caspar, August Fricke, Robert Genin, Gustav Jagerspacher, Edwin Scharff, Adolf Schinnerer oder auch Carl Schwalbach, daneben Landschaften von Maria Caspar-Filser und Julius Wilhelm Schülein sowie Ortsbeschreibungen von Frank S. Hermann und Fritz Hofmann-Juan. Die Beiträge zur Mappe sind in ihrer künstlerischen Herangehensweise heterogen und verlangen nach einer Unterscheidung in konventionelle

12 Nur wenige Mappenwerke arbeiteten mit einer ähnlich durchdachten Gestaltung. Ein prominentes Beispiel sind die *Bauhaus*-Mappen, deren zugehörige Blätter in eigens entworfenen Mappen zumeist mit einem Prägestempel gekennzeichnet wurden. Die Sema verwendete ihr Signet allerdings konsequent auf allen Schriftstücken der Vereinigung, ihrem Ausstellungskatalog sowie dem Werbeprospekt zum Mappenwerk. Vgl. Kaufmann: *Die Künstlervereinigung Sema*, Anhang Nr. 18.

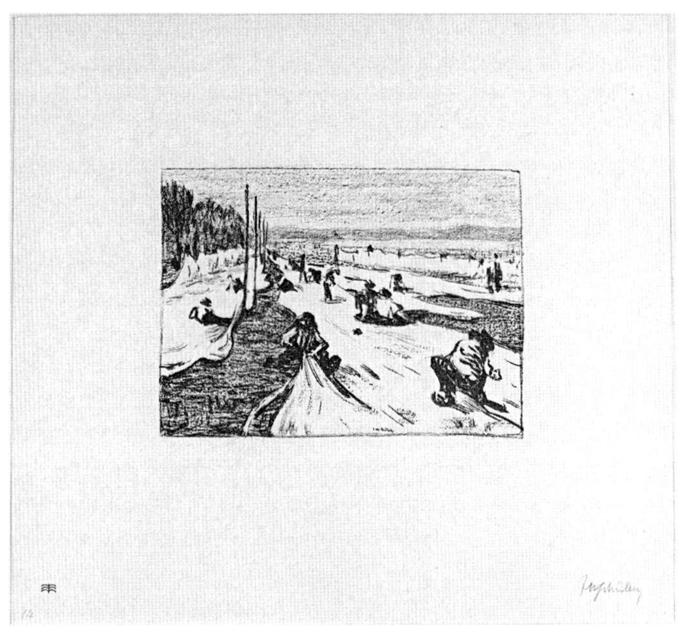

Abb.7: Julius Wolfgang Schülein: *Netzflicker*, 1912, Lithographie. Staatsgalerie Stuttgart, Graphische Sammlung.

und zukunftsweisende Darstellungsformen. Während für Paul Klees *Flusslandschaft* (Abb. 4), Egon Schieles *Akt* (Abb. 5) und Max Oppenheimers *Anatomie* (Abb. 6) eine zunehmend vom Bildgegenstand gelöste Ausdrucksweise charakteristisch ist, verbleiben die Druckgraphiken von Julius Wolfgang Schülein (Abb. 7) in der rein sachlichen Schilderung einer alltäglichen Szene.

Trotz der stilistischen Diversität bildet die *Sema*-Mappe durch ihre Gestaltung und das vorangestellte Manifest eine konzeptuelle Einheit. Diese Absicht wird auch im Prolog betont:

> Eine neue künstlerische Kultur von machtvoller Basis und weitgreifendem Umfang zu erlangen, heißt es heute aufs engste alle die Kräfte zu verketten, die ein gesundes Emporwachsen zu den neuen Zielen verbürgen. Die Sema beabsichtigt diese Kräfte zu einen und durch ein Zusammenwirken von Vertretern aus den verschiedensten Provinzen der Kunst weitreichenden Einfluß zu erlangen.

Im Verbund mit weiteren schriftlichen Äußerungen der Sema offenbart sich eine dem Expressionismus verpflichtete Programmatik, die für sich beanspruchte, über die etablierte Kunstauffassung durch ein Streben nach gesteigerter „Geistigkeit" hinauszugehen.[13] Ohne hier detailliert auf den theoretischen Hintergrund dieser Überlegungen eingehen zu können, sind die Schriften der Sema im Zusammenhang mit den frühesten Ausformulierungen expressionistischer Konzepte des 20. Jahrhunderts zu sehen. Mit der *Sema*-Mappe trug man diese Auffassung nun konsequent an die Öffentlichkeit.

Der Leitgedanke der Sema, die künstlerischen Ziele in Form eines Mappenwerks zu artikulieren, ist im Zusammenhang eines in dieser Zeit zunehmenden Interesses an druckgraphischen Verfahrensweisen zu sehen, was in zeitgenössischen Quellen mit dem Schlagwort „Graphik-Welle" umschrieben worden ist. Ob es ein direktes Vorbild für die gemeinschaftlich konzipierte Mappe gegeben hat, lässt sich aus den Quellen nicht rekonstruieren. Beschäftigt man sich mit den wenigen vorangegangenen Projekten, die im Gegensatz zu der Vielzahl von nachfolgenden Mappenwerken stehen, lassen sich kaum vergleichbare Beispiele finden. Die von 1906 bis 1911 herausgegebenen sieben Jahresmappen der Künstlergruppe Brücke, von denen allerdings nur die ersten drei Ausgaben Werke verschiedener Künstler enthielten, waren den Zeitgenossen in ihrer öffentlichen Wirksamkeit und künstlerischen Qualität sicher als Vorbild präsent.[14] Im Vergleich zeigt sich die Besonderheit der *Sema*-Mappe im Anspruch der Künstlervereinigung, durch ein singuläres druckgraphisches Mappenprojekt die eigenen inhaltlichen Zielsetzungen auszuformulieren.

Auch hinsichtlich der technischen Umsetzung der Mappe verfolgte die Sema klar definierte Absichten. So verlangte man von jedem mitwirkenden Mitglied ein eigens für das Projekt entworfenes Werk, das im Steindruckverfahren ausgeführt werden sollte.[15] Bereits im Herbst 1911 stellten diese Bedingungen einige der Künstler vor große Herausforderungen, denn wie Klee und Kubin hatten auch Oppenheimer und Schiele bislang nicht in der lithographischen Technik gearbeitet

13 *Ausstellung der Künstlervereinigung „Sema"*, S. 5.

14 Zwischen 1906 und 1911 entstanden insgesamt sieben Jahresmappen der Brücke. Die letzte Ausgabe, die als monographische Mappe von Max Pechstein gestaltet worden war, wurde allerdings nicht veröffentlicht, weil der Künstler wegen seines Beitritts zur Berliner Secession aus der Vereinigung ausgeschlossen worden war. Vgl. *Die Jahresmappen der „Brücke"*, hrsg. v. Magdalena M. Moeller. Ausstellungskatalog Brücke-Museum Berlin. Berlin: Brüder Hartmann 1989.

15 Neben der spezifischen Ausdrucksweise hatte die Wahl des lithographischen Verfahrens durch seine günstigen Herstellungskosten auch ökonomisch motivierte Gründe.

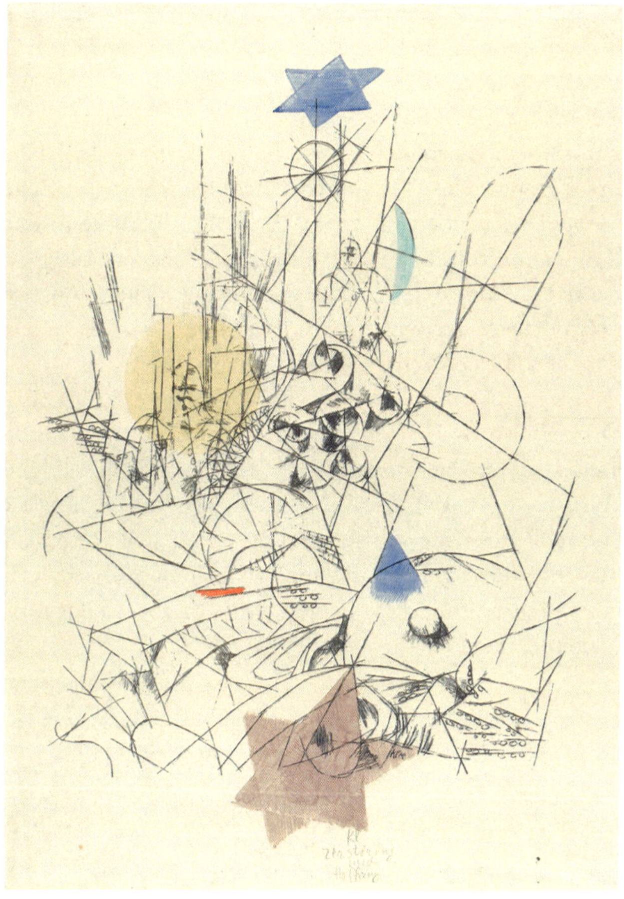

Abb. 8: Paul Klee: *Zerstörung und Hoffnung*, 1916, aquarellierte Lithographie. Staatsgalerie Stuttgart, Graphische Sammlung.

und mussten sich nun erstmals dem neuen Verfahren zuwenden. Klee formulierte seine Ablehnung gegenüber der neuen Technik in einem Brief an Kubin:

> Wenn einer die Lithographie schon mit Erfolg betrieben hat gut, aber extra sich hinsetzen und lithographieren, u. womöglich sein Bestes geben zum Propagandazweck, das ist entschieden zu viel verlangt.[16]

16 Brief vom 12. Dezember 1911, zit. nach Paul Klee: Briefe von Paul Klee an Alfred Kubin. In: *Paul Klee. Das Frühwerk 1883–1922*, hrsg. v. Armin Zweite. München: Städtische Galerie im Lenbachhaus 1979, S. 80–95, hier S. 82.

Doch entgegen dieser ersten kritischen Stellungnahme regte das Gruppenprojekt bei Klee kurz darauf eine außergewöhnlich experimentelle druckgraphische Schaffensphase an.[17] Der Beitrag *Blick auf einen Fluss* (Abb. 4) begründete Klees nachhaltiges Interesse an der lithographischen Technik, die fortan bis in die 1920er Jahre sein druckgraphisches Werk dominierte. Die sich an den Beitrag zur *Sema*-Mappe anschließenden Lithographien, insbesondere während seiner Zeit als Lehrer am Bauhaus, prägen Klees Ruf als Druckgraphiker bis heute (Abb. 8).[18] Anhand der Lithographien von Klee zeigt sich exemplarisch der wichtige Einfluss der *Sema*-Mappe auf das frühe druckgraphische Schaffen der beteiligten Künstler.

Der zeithistorische Einfluss der Sema ist nur in Grundzügen rekonstruierbar; so bleibt unklar, ob die Künstlervereinigung mit dem Verkauf ihres Mappenwerks einen kommerziellen Erfolg erzielen konnte.[19] Allerdings erlangte sie die gewünschte öffentliche Aufmerksamkeit und auch heute zählt die vollständige Graphikmappe zu einer gesuchten Rarität, die sich nur im Bestand weniger Museumssammlungen befindet.[20]

17 Es ist nachweisbar, dass Klee im Zuge seiner Beschäftigung mit der *Sema*-Mappe nicht nur die Lithographie *Blick auf einen Fluss*, sondern auch *Akt* schuf; vgl. Eberhard W. Kornfeld: *Verzeichnis des graphischen Werks von Paul Klee.* Bern: Kornfeld & Klipstein 2005, Nr. 43. Im selben Jahr 1912 schloss sich eine Schaffensphase des Experiments an, die eine Vielzahl von weiteren Werken im Steindruckverfahren hervorbrachte. Vgl. Susanne M. I. Kaufmann: *Paul Klee als Druckgraphiker. Zwischen Invention und Reproduktion.* München: Deutscher Kunstverlag 2015, im Erscheinen.

18 Die Lithographie *Zerstörung und Hoffnung* zählt zu den wichtigsten und bekanntesten druckgraphischen Werken Paul Klees. Als Auftragsarbeit für den Kunsthändler Hans Goltz in München zwischen 1914 und 1916 geschaffen, wurde das Werk von Klee mit Schablonen in verschiedenen Variationen handkoloriert, was für eine genaue Kenntnis originalgraphischer Methoden spricht; vgl. Kornfeld *Verzeichnis des graphischen Werks von Paul Klee*, S. 174–179. Die Handkolorierungen führte Klee während seines Militärdienstes in Schleißheim aus, wo er u. a. für die Bemalungen von Militärflugzeugen zuständig war. Die in diesem Zusammenhang erlernte Technik der Verwendung von Schablonen zur Kolorierung übertrug er in sein druckgraphisches Werk.

19 Eine Werbeanzeige des Delphin-Verlags aus dem Jahre 1913 verweist auf die *Sema*-Mappe – knapp anderthalb Jahre nach ihrer Veröffentlichung war sie demnach noch zu erwerben. Kaufmann *Die Künstlervereinigung Sema*, Anhang Nr. 34, S. 39.

20 Die vollständige *Sema*-Mappe befindet sich neben der Graphischen Sammlung der Staatsgalerie Stuttgart (erworben 1914) u. a. in der Graphischen Sammlung München (erworben 1984) und der Handschriftensammlung der Bayerischen Staatsbibliothek, München (erworben nach 1964).

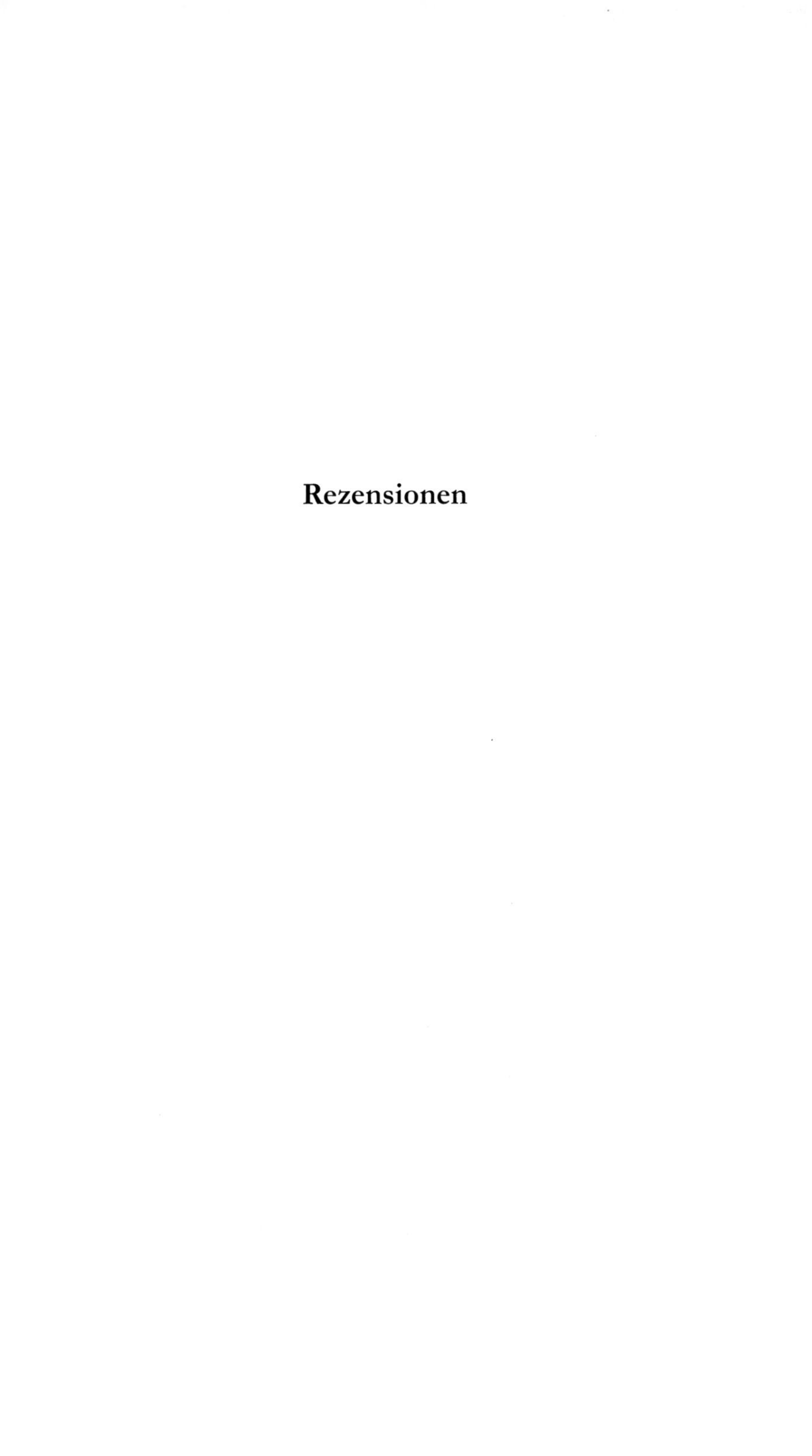

Rezensionen

Schriftsteller und Germanisten
Eine Beziehungsgeschichte aus dem 19. und frühen 20. Jahrhundert

Jan Behrs: *Der Dichter und sein Denker*
Rezensiert von Hermann Korte

Wissenschaftsgeschichte ist längst ein etabliertes Themenfeld germanistischer Forschung. Doch gibt es immer wieder neue Fragehorizonte, die zu untersuchen es sich lohnt. Einen innovativen Ansatz hat Jan Behrs gewählt, indem er die „Wechselwirkungen zwischen Literatur und Literaturwissenschaft" für jene Jahrzehnte untersucht, die literarhistorisch unter den Etiketten „Realismus" und „Expressionismus" firmieren. Wie komplex der Blick auf solche „Wechselwirkungen" ist, darüber informiert Behrs bereits im Einleitungskapitel (9–31). So unterscheidet er Phänomene wie die beispielsweise von Hofmannsthal und Thomas Mann betriebene „Wissenschaftspolitik", also den „intentionalen und strategisch orientierten Umgang mit der Germanistik" (13), von inhaltlich-thematischen Sujets („Universität als Romangegenstand" (16)) und autorzentrierten Analysen, in denen – etwa an Exempeln wie Ludwig Uhland und Ernst Stadler – nach dem Konnex schriftstellerischer und wissenschaftlicher Praxis gefragt wird.
Behrs konzentriert sich auf zwei epochale „Fallstudien" (23); der erste große Teil gilt daher den „Kommunikationsformen von Literatur und Literaturwissenschaft in der zweiten Hälfte des 19. Jahrhunderts" (33–108). Das Kapitel lässt sich als Kernstück der gesamten Dissertation verstehen, weil es über ein sehr reichhaltiges Quellenmaterial verfügt und umfangreiche Briefwechsel, aber auch einschlägig thematische Werke einbeziehen kann. Sukzessive kommen nicht nur wichtige Protagonisten des Realismus (Heyse, Storm, Keller) in den Blick, sondern auch differenzierte, ja gegensätzliche Formen der Wechselbeziehungen zwischen literarischer und wissenschaftlicher Praxis. Allerdings wird gleich am ersten Paradigma, an Ludwig Uhland, bereits eine Schwäche der ansonsten sehr klug und umsichtig argumentierenden Arbeit offensichtlich: ‚Germanistik' erscheint wie ein ahistorisches Praxisfeld einer doch gerade erst entstandenen Wissenschaft, die jenseits ihrer stark mediävistischen editionsphilologischen Professionalität von Beginn an eine populärwissenschaftliche Dimension umfasst. Anders formuliert: Was ist ein Germanist in der Uhland-Zeit, in der es beispielsweise an vielen Universitäten noch keine germanistische Fachdisziplin gibt und die gymnasiale Deutschlehrerausbildung erst im Verlaufe der 1860er Jahre ein germanistisches Fachstudium verlangt? Auch Behrs' zweites Paradigma, Gustav Freytag (vgl. 37–44), erhellt zwar plausibel und mit solider Quellenbasis (wie Freytags *Bildern aus der deutschen Vergangenheit* und Romanen wie *Die verlorene Handschrift*) das Ineinandergreifen von Literatur und Wissenschaft,

nicht aber die wissenssoziologische und universitätsgeschichtliche Struktur dessen, was Behrs auf die vage Formel „Synthese aus Poesie und Gelehrsamkeit“ (43) bringt. Was beispielsweise hat der in Freytags Roman *Die verlorene Handschrift* ausfabulierte Gelehrte Felix Werner mit dem tatsächlichen Selbstverständnis universitärer Philologen zu tun? Die entsprechenden Quellen werden in die Untersuchung nicht einbezogen, so dass oft verwendete Begriffe wie „Fachvertreter“ (43), „institutionalisiert[e] Wissenschaft“ und „Poesie einer wissenschaftsgeschichtlichen Erkenntnis“ (44) kein historisch-kritisches Fundament haben.
Entschieden überzeugender wird Behrs dort, wo er aus reichhaltigen Quellenbeständen von Briefwechseln *und* spezifischen universitären Archivmaterialien zitieren kann, wie etwa bei der luziden Analyse der „Zusammenarbeit“ zwischen dem Kieler Germanisten Karl Müllenhoff und Klaus Groth (48–58). Literarhistorisch rekonstruiert Behrs damit einen wichtigen Aspekt des Selbstverständnisses mancher Autoren des Realismus, die, wie Groth, gern auch die Anerkennung ihrer literarischen Autorschaft von der Ehrendoktorwürde (vgl. 55) bekränzen ließen und sogar, wie Groth, als Privatdozenten von der „Verleihung der Professur für deutsche Sprache, Literatur und Altertümer“ (57, Anm. 112) träumten.
Mit dem Fall Storm kommt im nächsten Abschnitt ein signifikantes Beispiel zur Sprache, das sich aus den weit verzweigten Korrespondenzen des Husumer Novellisten und Poeten sehr anschaulich belegen lässt (vgl. 58–80). Für Storm waren Literaturwissenschaftler wie Erich Schmidt nicht nur die verständigen Leser seiner Produktionen, sondern zugleich auch die berufene Instanz dichterischer Anerkennung. So ist – Behrs spart diesen Aspekt leider aus – das umfangreiche Korrespondieren für Storm ein wichtiges strategisches Instrument, seine literarische Kanonisierung resonanzreich vorzubereiten: Germanisten wie Schmidt (alle Briefe wurden sorgfältig aufbewahrt) standen im Dienst der Selbstkanonisierung des Provinzdichters zum Aspiranten für weltliterarischen Rang. So verwundert es nicht, dass, wie Behrs detailliert belegt, auch „Philologie im Text“ (71) vorkommt, wie in der Erzählung *Ein Fest auf Haderslevhuus*, die Storm – wem auch sonst? – Erich Schmidt widmete (vgl. 75).
Ein Gegenbeispiel stellt Gottfried Keller dar (vgl. 80–106); Behrs’ Pointe trifft voll den Kern: „Gegenüber der Germanistik verhält sich Keller nach wie vor als autodidaktischer Naturbursche“ (81). Diese „Abneigung“ deutet Behrs als eine Art Schutz „vor jedem Zugriff von außen“ (85), also gegen den langsam grassierenden Biographismus. Das alles hat Keller selbstverständlich nicht davon abgehalten, in einer Novelle wie *Hadlaub* auch „Mittelalterphilologie und mittelalterliche Philologie“ (89) zu thematisieren und im *Sinngedicht* die „hohe Kunst des Lesens“ (97) zu explizieren, also wissenschaftlich fundierter Auslegungskunst nahezukommen. Das *Sinngedicht*-Kapitel

Behrs' ist eines der stringentesten, innovativsten des gesamten Buches und zeigt exemplarisch die Legitimation seiner Fragestellungen und methodologischen Konzepte. Dem ersten Zwischenfazit ist daher zuzustimmen:

> Literatur und Wissenschaft geraten nicht nur auf dieser Ebene der Textproduktion, -distribution und -rezeption in Kontakt: Je intensiver der Umgang wird, desto offenkundiger wird auch das gemeinsame Interesse für etwas außerhalb der eigenen Personen und Schriften Liegendes: die (literarische) Vergangenheit. (107)

In Behrs' Studie folgt nun das zweite große Kapitel, das den umfangreichsten Teil der Dissertation darstellt: „Das frühe 20. Jahrhundert. Ausdifferenzierung und Diversifizierung" (109–289). Auch wenn der Gesamttitel einen Sprung vom Realismus zum Expressionismus vorsieht, beginnt Behrs sehr überzeugend mit Stefan George und seinem Kreis, weil hier in der Tat neue „Umgangsformen zwischen Literaturwissenschaft und Literatur" herausgebildet werden, „die als Fortsetzung und Steigerung der bisher untersuchten Interaktionsmuster gelten können" (109). Für den Kreis gilt dies im vielfachen Sinn. Mit wissenschaftlichem Interesse werden bisher von der germanistischen Literaturwissenschaft völlig vernachlässigte, nicht- oder negativ kanonisierte Dichter wiederentdeckt, während Forscher wie Friedrich Wolters, Norbert von Hellingrath, vor allem aber Friedrich Gundolf die Fachgeschichte des frühen 20. Jahrhunderts beeinflussten und ihrerseits Schülerkreise aufbauten. Dass mit Thomas Mann ein weiterer Schriftsteller sich aktiv in die universitäre Gelehrsamkeit einmischt – 1919 bereits erhält er für solche Kontakte den Ehrendoktor der Bonner Universität –, zeigt den Diversifizierungsgrad der Kommunikationspraxis zwischen Wissenschaft und Literatur im frühen 20. Jahrhundert. Die Dichter jedenfalls „betreiben eine aktive Wissenschaftspolitik" und „sind in der Lage, der Germanistik in ihren Werken Themen vorzulegen, die eine Beschäftigung mit diesen Werken plausibel machen" (127).

Und der Expressionismus, den Behrs „zwischen ‚bürgerlichem' und ‚avantgardistischen' Kunstsystem" (131) verortet? Bisher war und ist Gottfried Benn der mit Abstand forschungsgeschichtlich am meisten bearbeitete und durch eine Vielzahl von Studien weithin erschlossene Protagonist im Spannungsfeld von Literatur und Wissenschaft. Der schon früh als ‚Doktor Benn' apostrophierte Autor sicherte sich schon in seiner expressionistischen Phase eine unverwechselbare Position im literarischen Feld, indem er seinen Versen und insbesondere auch seinem frühen Prosawerk komplexes, ebenso umstrittenes wie hoch exklusives medizinisch-psychiatrisches und biologisch-neurologisches Wissen untermischte. Es mag gute Gründe geben, dass Behrs diese Aspekte aus seiner dezidiert *literatur*wissenschaftlichen Perspektive ausklammert. In einem Abschnitt jedoch geht er auf Benns Dramolette *Ithaka* und *Morgenröte* ein und richtet den Blick auf die den Texten eher untergeordnete Themen- und Handlungsebene, auf die Darstellung des akademischen Lehrbetriebs; den Abschnitt überschreibt er ironisch mit „Zwei Rüpelspiele“ (133). Aus dieser arg verengten Perspektive werden dann entsprechend fragwürdige Urteile gefällt: „Die positivistische Zersplitterung der Wissenschaft (*Ithaka*) und die nationalistische Entstellung der Philologie (*Morgenröte*) werden jedoch nicht diskursiv, sondern im Wortsinne theatralisch erledigt“ (137). Wie denn auch sonst in der Dichtung? Auch Georg Büchner hat im *Woyzeck* die experimentierende Medizin nicht zum Diskursgegenstand gemacht, sondern „theatralisch erledigt“. Die Radikalität der Erkenntniskritik Benns entgeht Behrs völlig, wenn er die Texte gegen die Benn-Forschung setzt, der er viel konkretes Material über Wissenschaftspraxis und Wissenschaftstheorien des frühen 20. Jahrhunderts hätte entnehmen können,[1] und das „enge Verhältnis von Avantgarde und bürgerlicher (Literatur-)Wissenschaft ansprechen“ möchte, „das von der Forschung bisher nicht einmal als Problem erkannt worden“ (138) sei.[2]

Selbstverständlich – hier zeigt sich die Effizienz des Forschungsansatzes – gibt es aus dem expressionistischen Jahrzehnt eine Reihe interessanter Beispiele für die Wechselwirkungen zwischen Germanistik und Schriftstellerei. Immerhin waren die zwischen 1880 und 1890 geborenen Dichter fast allesamt akademisch ausgebildet, darunter auch eine Anzahl von Philologen mit akademischen Karriereplänen. Behrs stellt zunächst die Doktorväter vor, insbesondere den Kulturhistoriker Karl Lamprecht (der kein Fachgermanist war und dessen kulturgeschichtlichen Ansätze erst später die ihr gemäße Resonanz auch in der Literaturwissenschaft erhielten), aber auch Albert Köster (157–160), von dem sich junge Autoren angezogen fühlten: „Das einer rebellischen Gesinnung nicht eben entgegenkommende Auftreten Kösters scheint seinem Ansehen bei den Leipziger Frühexpressionisten also nicht geschadet zu haben“ (159). Aus der großen Gruppe der Expressionisten behandelt Behrs ausführlich den Fall Walter Hasenclevers und dessen Promotionsversuch. Dabei bleibt die Überschrift „Parallele Avantgarden: Walter Hasenclevers literarhistorisches Programm“ (161–167) recht vage. Ebenso ist nicht klar ersichtlich, inwieweit von einer Wechselwirkung literaturwissenschaftlicher und literarischer Praxis überhaupt gesprochen

1 Exemplarisch sei auf Hahns 2011 erschienene Studie verwiesen, die methodologisch zwar auch wie Behrs das Verhältnis von Wissenschaft und Dichtung untersucht, aber völlig konträr konzipiert ist: Marcus Hahn: *Gottfried Benn und das Wissen der Moderne*. 2 Bde. Göttingen: Wallstein 2011 (Bd. 1 umfasst den Zeitraum von 1905 bis 1920, Bd. 2 den von 1921 bis 1932).

2 Eines der Monita gegen Behrs ist die im Kern unreflektierte Adaption des Avantgarde-Begriffs, so dass der Expressionismus einmal dazu gerechnet, ein andermal davon abgegrenzt wird. – Entsprechendes gilt für pauschalisierende Etiketten wie „Bildungsbürgertum“ (140–145). – Dass die „komplizierte soziale Stellung der Expressionisten“ ausgerechnet an Ernst Wilhelm Lotz‘ Gedicht *Erster Mai* exemplifiziert wird (145), erscheint ebenso unklar wie die These, es habe in Leipzig „ein avantgardistisch-geisteswissenschaftliches Mischmilieu“ (ebd.) gegeben.

werden kann, im Vergleich etwa zur Evidenz der Beziehungen, die Behrs am George-Kreis verdeutlichte. Das gilt auch für das Beispiel Kurt Pinthus (181–187), den Leipziger Lektor und Literaturkritiker. So nachvollziehbar und richtig die Erkenntnis ist, dass die „beiden ersten Ausgaben der *Menschheitsdämmerung* […] als wichtige Wegbereiter zu einer wissenschaftlichen Würdigung des Expressionismus" (185) wurden, so klar ist auch, dass diese Art der „Würdigung" erst Jahrzehnte später einsetzt und der dann rasch sich nach der Taschenbuch-Edition 1959 in der Germanistik verbreitete Kanonisierungsgrad der von Pinthus ausgewählten Dichter nicht etwa auf die 1920er Jahre zurückübertragen werden darf.

Analoges gilt für die an sich richtige Beobachtung Behrs', dass zeitgenössische Literaturgeschichten bereits erstaunlich früh den literarischen Expressionismus registrierten und beispielsweise der Berliner Neue Club sogar als ein „Paradebeispiel für den […] gemeinsamen literarisch-literaturwissenschaftlichen Diskurs" (195) erscheinen kann. Vorsicht ist dennoch geboten: Die von Germanisten verfassten Literaturgeschichten der frühen Moderne galten ihren Nutzern und ihren Verfassern keineswegs als germanistische Fachprojekte, sondern als Beitrag zu jener Art von ‚Sachbuch', die damals in hoher Auflagenstärke von Fachleuten verfasst wurden, und zwar dezidiert als populärwissenschaftliche Literaturgeschichten, geschrieben auf dem Fundament der besonderen Befähigung und Kompetenz, für ein breites Publikum zu schreiben – wie dies Historiker wie Ranke und der Literaturnobelpreisträger Theodor Mommsen, aber auch Germanisten wie Wilhelm Scherer und Oskar Walzel, der Scherers Literaturgeschichte fortschrieb und aktualisierte, bewiesen.[3] Auch Albert Soergels *Dichtung und Dichter der Zeit*, dessen erster Band 1911 bereits zahlreiche Auflagen erlebt hatte, setzte mit seinem zweiten Band, programmatisch *Im Bann des Expressionismus* genannt,[4] den Erfolg fort – und zwar, von Curt Hohoff bearbeitet, bis in die 1960er Jahre.[5]

Literaturgeschichten wie die von Scherer, Walzel und Soergel sicherten wissenschaftshistorisch die Bekanntheit der Fachgermanistik nach außen; sie repräsentieren ein literarisches Wissen weit über den Rahmen von Expertenwissen hinaus und haben mit ihren Büchern auch expressionistische Dichter erreicht wie Heym, van Hoddis, Ernst Wilhelm Lotz und viele andere, die

3 Vgl. Wilhelm Scherer / Oskar Walzel: *Geschichte der deutschen Literatur.* 2. Aufl. Berlin: Askanischer Verlag 1918; 3. Aufl. 1921; 4. Aufl. 1928; symptomatisch für den Erfolg des Buches ist die Neuauflage dieser deutschen Literaturgeschichte im Jahr 1945 (Nachdruck der 4. Aufl. in Cambridge, Mass.).

4 Schon 1925 erreichte der zweite Band in der 6. Aufl. fast 30.000 Exemplare (Albert Soergel: *Dichtung und Dichter der Zeit,* Bd. 2: Im Bann des Expressionismus. Leipzig: Voigtländer 1925), während der erste Band 1928 die 20. Aufl. erreichte (Albert Soergel: *Dichtung und Dichter der Zeit* [Bd. 1]. Leipzig: Voigtländer 1928.

5 Albert Soergel / Curt Hohoff: *Dichtung und Dichter der Zeit.* 2 Bde. Düsseldorf: Bagel 1961.

sich dort über ihre literarischen Idole des Sturm und Drang, vor allem aber so zentrale Identifikationsfiguren wie Hölderlin und Kleist informiert haben. Germanistik ist im frühen 20. Jahrhundert mit dem heute so signifikanten Totalrückzug aus der kulturellen Öffentlichkeit nicht vergleichbar, so dass philologische Popularisierungskonzepte seit dem ausgehenden 19. Jahrhundert ihren spezifischen Beitrag zum Aufbau einer literarischen Wissenskultur leisteten, die wiederum junge Schriftsteller beeinflusste. Diesen Aspekt der Verzahnung von Wissenschaft und Dichtung hat Behrs nicht untersucht. Stattdessen widmet er sich, sachlogisch korrekt, einem wichtigen Abschnitt über Ernst Stadler (S. 209–230). Die Überschrift des Abschnitts heißt „Philologisch-expressionistische Harmonie: Ernst Stadler" (209) und trifft bereits den Kern dieses bedeutsamen Fallbeispiels. Wie kaum ein anderer gilt der rasch promovierte und habilitierte Nachwuchsakademiker Stadler „bereits zu Lebzeiten [...] als eine Verkörperung des Durchbruchs zu neuen Schreib- und Lebensformen" (210). Gelehrtentum und Dichtung gehen eine enge Verbindung ein; Behrs illustriert dies an einer recht eigenwilligen, aber argumentativ gut gestützten These zum Gedichtband *Der Aufbruch*, dessen Gedicht *Worte* er als Programmgedicht für das Verständnis von „Dichtung als Literaturgeschichte" (214) und Absage an die frühen Idole Hofmannsthal und George liest (214–218). Zugleich bezieht Behrs die germanistischen Schriften Stadlers in seine Analyse ein (218–224), die den jungen Dichter als einen der hoffnungsvollsten, originellsten Literaturwissenschaftler der Vorkriegszeit charakterisieren. Die Ansicht Otto Flakes, eines der Freunde Stadlers, dass Stadler „eine erfolgreiche wissenschaftliche Karriere" (224) vor sich gehabt habe, wenn er den Krieg überlebt hätte, ist daher nachvollziehbar. Behrs versteht ihn mit Recht „als Dichter (und Forscher) des Ausgleichs" (ebd.), nicht etwa als einen gegen Fachtraditionen rebellierenden Forscher.[6]

In den weiteren Abschnitten streift Behrs eher kursorisch als grundsätzlich verschiedene Diskursfelder der Wechselwirkungen zwischen Wissenschaft und expressionistischer Dichtung. So diskutiert er Worringers Schrift *Abstraktion und Einfühlung*, eine Dissertation, die, schon 1908 erschienen, „einen wissenschaftlichen und öffentlichen Erfolg" (236) repräsentiert – mit entsprechend früher Rezeption in der zeitgenössischen Kunstszene. Eine vergleichbar resonanzreiche literaturwissenschaftliche Dissertation aus dem Feld des literarischen Expressionismus gibt es allerdings nicht. Es folgen kurze Analysen der literarhistorischen Positionen Walzels und Soergels aus

6 Klammern im Behrs' Text. Die „Haltung des Ausgleichs" bezieht Behrs sowohl auf Stadlers differenzierte, philologisch saubere, nicht zuletzt in der Habilitationsschrift dokumentierte wissenschaftliche Vorgehensweise, die durchaus, wie Behrs hervorhebt, der „Forderung des konservativen Germanisten" und Mediävisten Gustav Ehrismanns gerecht geworden sei, einen – mit Ehrismann formuliert – „Ausgleich" (224) zwischen Altem und Neuem zu schaffen.

den 1920er Jahren, denen sicherlich zuerkannt werden muss, dass sie frühe Grundlagen für ein Expressionismus-Bild schufen, freilich erst dann, als der Expressionismus bereits historisch geworden war. Ein erster Beweis dieser „Historisierung" (251) sind die von Behrs exemplarisch skizzierten frühen, in die 1930er Jahre zurückreichenden Forschungsansätze bei Wolfgang Paulsen und Werner Mahrholz (253–256) sowie die erste Phase von „Einzelstudien" (259) zu Dichtern wie etwa Georg Heym und schließlich die wichtige Rolle der Auslandsgermanistik und der Exil-Germanisten in den folgenden Jahrzehnten (265–268).

Die intensiven Expressionismus-Debatten der 1930er Jahre blendet Behrs weitgehend aus; das ist insofern bedauerlich, als es dabei eben nicht allein um Historisierungsversuche, sondern um Dekanonisierungs- und Rekanonisierungsversuche ging, bei denen Literatur- und Kunstwissenschaftler als politische Propagandisten und Provokateure eine wichtige Rolle spielten. Doch Behrs' Studie ist bereits derart umfangreich und erfasst einen so weiten Zeithorizont, dass die postexpressionistischen Jahrzehnte und etwa die Rolle der Germanistik bei der ‚Wiederentdeckung' des Expressionismus zu Beginn der 1960er Jahre eine Studie für sich erforderlich gemacht hätten.

Ein verallgemeinerndes Fazit zu ziehen fällt angesichts vieler erhellender Einzelerkenntnisse und einiger kritischer Einwände recht schwer. Doch ist insgesamt ein positives Resümee festzuhalten: Behrs' Dissertation wird ihrem Anspruch gerecht, den Konnex von Literaturwissenschaft und Literatur an geeigneten Paradigmen vom Realismus bis hin zum Expressionismus zu untersuchen. Damit erweitert er auf innovative Weise die Perspektiven germanistischer Wissenschaftsgeschichte und gibt zugleich der Realismus-Forschung, mit gewissen Einschränkungen auch der Expressionismus-Forschung neue Impulse. Der Studie ist eine breite Rezeption *und* Diskussion ihrer Thesen sehr zu wünschen.

Jan Behrs: *Der Dichter und sein Denker. Wechselwirkungen zwischen Literatur und Literaturwissenschaft in Realismus und Expressionismus.*
Beiträge zur Geschichte der Germanistik 4, hrsg. v. Jens Haustein / Uwe Meves.
S. Hirzel. Stuttgart, 2013, 332 S. Paperback 49 € (ISBN 978-3-7776-2305-4).

VAN GOGH TO KANDINSKY. Impressionism to Expressionism. 1900–1914.

Montreal Museum of Fine Arts, 10. Oktober – 25. Januar 2015.

Rezensiert von Elisabeth Otto

Von Oktober 2014 bis Januar 2015 präsentierte das Montreal Museum of Fine Arts die Ausstellung *VAN GOGH TO KANDINSKY. Impressionism to Expressionism. 1900–1914*, die bereits zuvor im Züricher Kunsthaus und im LACMA in Los Angeles gezeigt worden war. Das Anliegen von Timothy O. Benson war es, den „Deutschen Expressionismus" als rein deutsche Stilrichtung zu dekonstruieren. Der Kurator des LACMA präsentiert den Expressionismus hingegen als eine multivalente Bewegung der Moderne, die das Ergebnis eines kosmopolitischen Kulturaustausches zwischen den deutschen und französischen Avantgarden vor dem Ersten Weltkrieg darstellt. Im Fokus der Betrachtung steht der Einfluss des französischen Fauvismus auf die Künstler der Brücke und des Blauen Reiter.

Die die Ausstellung begleitenden Kataloge konstruieren einen transnationalen Diskurs, erzeugt durch ein Netzwerk an Künstlern, Kunstkritikern, Galleristen und Museumsdirektoren, der seinen Niederschlag in Ausstellungen, Privatsammlungen und Publikationen auf beiden Seiten des Rheins fand. In sieben Essays beschreiben internationale Experten diesen Kulturtransfer als eine kosmopolitische Kulturtopographie von Paris bis Berlin via München und Dresden, gestützt auf Briefwechsel zwischen den Protagonisten, kritische Berichte und illustrierte Publikationen.

In der Folge galt es die minutiöse historiographische Grundlagenarbeit der Forschungsartikel in das Dispositiv der Ausstellung zu übersetzen. Das kommt natürlich nicht mit Vereinfachungen aus, insbesondere, da der Fokus der Ausstellungsmacher auf der Gegenüberstellung von Gemälden lag. Die hervorragenden Drucke aus der Sammlung des Robert Gore Rifkin Centers gingen bei der Präsentation in Montreal bedauerlicherweise als illustratives Beiwerk unter.

In Montreal behalf man sich mit einer klaren zeitlichen Eingrenzung: von der Weltausstellung 1900 in Paris bis zum Ausbruch des Ersten Weltkrieges 1914. In den sieben aufeinander folgenden Sälen wurden die Werke thematisch gruppiert. Hierbei standen die „Verbreitung der Französischen Moderne in Deutschland", „Die Fauves und die Brücke" sowie die beiden deutschen Künstlergruppen gesondert im Fokus. Besonders hervorgehoben wurde der Einfluss der „Väter der Moderne" Paul Gauguin, Vincent van Gogh und Paul Cézanne auf die französischen wie deutschen Expressionisten. Dass van Gogh mit einem eigenen Saal bedacht wurde, überrascht kaum, verkörpert er doch für das nordamerikanische Publikum seit seiner ersten umfassenden Retrospektive 1935 im MOMA wie kein anderer den expressionistischen/modernen Künstler. Wassily Kandinsky, der zweite titelgebende Künstler, beschließt den im Untertitel der Montrealer Station vorgegebenen Parcours vom „Impressionismus zum Expressionismus" mit dem einzigen abstrakten Gemälde der Ausstellung, einer Improvisation aus dem Jahr 1914.

Die kanadische Station wartete mit einigen Entdeckungen aus privaten nordamerikanischen Sammlungen sowie erwähnenswerten Gegenüberstellungen auf. Als besonders gelungen darf der Raum zu den Fauves gelten, in den Werke von Wassily Kandinsky und Gabriele Münter aus der Zeit vor der Gründung des Blauen Reiters integriert wurden. Die Entscheidung, Paula Modersohn-Beckers *Mädchenakt mit Blumenvase* (1907) neben Gauguins primitivistischen Gemälden aus der Bretagne und Tahiti zu hängen, regte Reflexionen über die ungleichen Voraussetzungen von männlichem und weiblichem Primitivismus an, die leider nicht weiter thematisiert wurden. Die Chance kann als vertan bezeichnet werden, wenn Münter, Marianne von Werefkin und Modersohn-Becker als weibliche Vertreterinnen des Expressionismus propagiert werden, jedoch in keinem der Fachaufsätze auf ihren ureigenen Beitrag zum Expressionismus eingegangen wird.

Ein „lautes Nachdenken" über die Bedeutung des Expressionismus heute, wie das der deutschen Katalogausgabe hinzugefügte Gespräch Cathérine Hugs mit Georg Baselitz und Robert Menasse betitelt war, hätte der Montrealer Ausstellung gut zu Gesicht gestanden, um dem ambitionierten Vorhaben wie es in der Publikation aufscheint, auch im Medium der Ausstellung gerecht zu werden.

Timothy Benson: *Expressionism in Germany and France. From Van Gogh to Kandinsky.*
DelMonico Books / Prestel. München / New York, 2014, 296 S., 228 farbige Abb., 13 schwarz-weiß-Abb. Hardcover, 53,55 $ CDN (ISBN 978-3-7913-5340-1).

Kunsthaus Zürich (Hrsg.): *Expressionismus in Deutschland und Frankreich. Von Matisse zum Blauen Reiter.*
Prestel. München, 2014, 304 S., 200 farbige Abb. Hardcover, 49,95 € (ISBN 978-3-7913-5339-5).

Abbildungsverzeichnis

Mönchengladbach. Aus: Barbara Schäfer (Hrsg.): *1912. Mission Moderne. Die Jahrhundertschau des Sonderbundes*. Köln: Wienand 2012, S. 487.

Abb. 4: Franz M. Jansen: Plakat für die zweite Ausstellung der Kölner Secession, 1912. Aus: Berg / Kleinschmidt-Altpeter (Hrsg.): *Ein expressionistischer Sommer*, S. 118.

Abb. 5: Carlo Mense: *Badende*, 1913. Öl auf Leinwand, 85 x 73 cm. LWL-Landesmuseum für Kunst und Kulturgeschichte. Westfälisches Landesmuseum Münster. Aus: Berg / Kleinschmidt-Altpeter (Hrsg.): *Ein expressionistischer Sommer*, S. 84.

Abb. 6: Buchhandlung und Kunstsalon Cohen in Bonn, Am Hof 30, vor 1912. Aus: Berg / Kleinschmidt-Altpeter (Hrsg.): *Ein expressionistischer Sommer*, S. 110/111.

Abb. 7: August Macke: Plakatentwurf zur Ausstellung Rheinischer Expressionisten, 1913. Aus: Berg / Kleinschmidt-Altpeter (Hrsg.): *Ein expressionistischer Sommer*, S. 9.

Abb. 8: Hans Thuar: *Messdorf* (Duisdorf), 1911. Öl auf Leinwand, 48 x 75 cm. Kunstmuseum Bonn. Aus: Moeller (Hrsg.): *August Macke und die Rheinischen Expressionisten*, S. 339.

Abb. 9: Heinrich Campendonk: *Junges Paar am Tisch* (Stillleben mit zwei Köpfen), um 1914. Öl auf Leinwand, 82 x 71,5 cm. Kunstmuseum Bonn. Aus: Moeller (Hrsg.): *August Macke und die Rheinischen Expressionisten*, S. 154.

Abb. 10: August Macke: *Elisabeth und Walterchen*, 1912. Öl auf Leinwand, 89 x 71 cm. Kunstmuseum Bonn. Aus: Moeller (Hrsg.): August Macke und die Rheinischen Expressionisten, S. 74.

Susanne M. I. Kaufmann: „Wir wollen uns unter ein gemeinsames Zeichen stellen."

Abb. 1: *Sema*. 15 Originalsteinzeichnungen. München: Delphin [1912], (Exemplar 50/200), Mappe mit grünem Einband mit aufgedrucktem *Sema*-Signet. Staatsgalerie Stuttgart, Graphische Sammlung.

Abb. 2: *Sema*. 15 Originalsteinzeichnungen. München: Delphin [1912], (Exemplar 50/200), Titelblatt. Staatsgalerie Stuttgart, Graphische Sammlung.

Abb. 3: *Sema*. 15 Originalsteinzeichnungen. München: Delphin [1912], (Exemplar 50/200), Manifest. Staatsgalerie Stuttgart, Graphische Sammlung.

Abb. 4: Paul Klee: *Blick auf einen Fluss*, 1912, Lithographie. Staatsgalerie Stuttgart, Graphische Sammlung.

Abb. 5: Egon Schiele: *Akt*, 1912, Lithographie. Staatsgalerie Stuttgart, Graphische Sammlung.

Abb. 6: Max Oppenheimer: *Anatomie*, 1912, Lithographie. Staatsgalerie Stuttgart, Graphische Sammlung.

Abb.7: Julius Wolfgang Schülein: *Netzflicker*, 1912, Lithographie. Staatsgalerie Stuttgart, Graphische Sammlung.

Abb. 8: Paul Klee: *Zerstörung und Hoffnung*, 1916, aquarellierte Lithographie. Staatsgalerie Stuttgart, Graphische Sammlung.

Call for Papers: Religion

Expressionismus, Ausgabe 03/2016
Herausgegeben von Kristin Eichhorn und Johannes S. Lorenzen

Obwohl der Expressionismus zum Bruch mit den Traditionen der Elterngeneration aufruft, greifen die expressionistischen Künstler/innen in ihren Sujets sehr häufig auf religiöse Motive zurück. Dies ist vor allem mit Blick auf die bildende Kunst und auf die Literatur aufgefallen und diskutiert worden. So verarbeiten etwa Emil Nolde oder Max Beckmann mehrfach Themen aus dem Alten und Neuen Testament. Auch finden sich z. B. in der *Menschheitsdämmerung* nicht nur eine Reihe von Gedichten, die klar mit christlicher Motivik arbeiten. Darüber hinaus weisen die Texte von Else Lasker-Schüler eine jüdische Perspektive auf.
Das dritte Heft der Zeitschrift *Expressionismus* möchte sich dem Phänomen vor diesem Hintergrund systematisch widmen und auch über die bisherigen Ansätze hinaus fragen, welche Rolle Religion für andere Formen expressionistischer Kunst (z. B. Musik oder Architektur) spielt. Einerseits sind dabei die konkreten Themen und Motive zu ermitteln, die hier aufgegriffen werden. Sicher bildet die christlich-jüdische Tradition einen der wichtigsten Referenzpunkte, doch muss auch Bezugnahmen auf andere Religionen nachgegangen werden. Welche werden gewählt und warum?
Andererseits stellt sich das Problem der Gründe für diese religiöse Schwerpunktsetzung. Sie steht zwar in einem gewissen Spannungsverhältnis zum Neuerungsanspruch des Expressionismus; gleichzeitig hat das expressionistische Pathos und das Beschwören eines ‚Neuen Zeitalters' messianische Züge, die gerade den Rekurs auf christliche Motivik plausibel machen. Antworten auf die Frage nach den Gründen lassen sich darüber hinaus in der philosophischen Diskussion der Zeit (Nietzsche) finden oder auch im biographischen Hintergrund der jeweiligen Akteure. Letztendlich bleibt die Frage nach der Natur des Religiösen in expressionistischer Kunst: Sind die betreffenden Motive wirklich im religiösen Sinne gemeint oder metaphorisch eingesetzt? Welche neuen Bedeutungsebenen ergeben sich durch die Übertragung auf andere Sachverhalte?

Abstracts zu diesen oder anderen thematisch einschlägigen Aspekten von nicht mehr als 2.000 Zeichen senden Sie bitte bis zum 1. Juni 2015 an eichhorn@neofelis-verlag.de bzw. an jlorenzen@ndl-medien.uni-kiel.de. Zudem werden unabhängig vom Thema des Hefts auch immer Vorschläge für Rezensionen oder Diskussionsbeiträge zu aktuellen Forschungsdebatten sowie für die Rubrik „Expressionismus heute“ entgegengenommen, die Phänomene der aktuellen Expressionismus-Rezeption vorstellt und bespricht.

Die fertigen Beiträge sollten einen Umfang von 22.000 Zeichen (inkl. Leerzeichen und Fußnoten) nicht überschreiten und sind bis zum 1. Dezember 2015 einzureichen. Das Heft erscheint Anfang Mai 2016.